Inhalt

Führerschein auf Türkisch

Fahrlehrer: Bitte anschnallen, Handbremse lösen, Zündung und Kupplung betätigen.
Fahrschüler: Welche?
Fahrlehrer: Wie, welche?
Fahrschüler: Ach so, die Kupplung.
Fahrlehrer: Genau, die Kupplung.
Fahrschüler: Okay.
Fahrlehrer: Eine Frage, aus Neugier. Warum wollen Sie Ihren Führerschein auf Türkisch machen? Gibt es einen bestimmten Grund?
Fahrschüler: Nö.
Fahrlehrer: Okay. Bitte fahren Sie los. Bleiben Sie bitte rechts, Sie müssen gleich rechts abbiegen.
Fahrschüler: Warum?
Fahrlehrer: Weil wir abbiegen, deswegen.
Fahrschüler: Ach so.
Fahrlehrer: Genau.
Fahrschüler: Muss ich jetzt blinken?
Fahrlehrer: Ja.
Fahrschüler: Okay.
Fahrlehrer: Blinken!
Fahrschüler: Jetzt?
Fahrlehrer: Ja!
Fahrschüler: Okay.
Fahrlehrer: Sie sind zu langsam.
Fahrschüler: Ich fahre aber 50.

Fahrlehrer: Das ist zu langsam.

Fahrschüler: Wieso zu langsam?

Fahrlehrer: Wollten Sie nicht den Führerschein auf Türkisch machen?

Fahrschüler: Ja.

Fahrlehrer: Wieso fahren sie dann 50?!

Fahrschüler: Ach so!

Fahrlehrer: Genau!

Fahrschüler: Ist 60 okay?

Fahrlehrer: Ja, fürs Erste.

Fahrschüler: Gut.

Fahrlehrer: Jetzt fahren Sie auf die Autobahn.

Fahrschüler: Okay.

Fahrlehrer: Schneller!

Fahrschüler: Ich fahr doch 60!

Fahrlehrer: Sie müssen jetzt 120 fahren!

Fahrschüler: Aber da steht doch, 80 fahren!

Fahrlehrer: Wieso fahren sie dann 60?

Fahrschüler: Ach so!

Fahrlehrer: Genau. Geben Sie Gas! Einordnen!

Fahrschüler: Okay.

Fahrlehrer: Und jetzt drehen Sie die Musik auf.

Fahrschüler: Okay.

Fahrlehrer: Lauter.

Fahrschüler: Waaas?

Fahrlehrer: Ich sagte, lauter.

Fahrschüler: Waaas?

Fahrlehrer: ICH SAGTE, LAUTER!!

Fahrschüler: Ach so.

Fahrlehrer: Danke.

Fahrschüler: Wieso drehen wir überhaupt die Musik so laut auf?

Fahrlehrer: Wollten Sie nicht ...?

Fahrschüler: Ach ja.

Fahrlehrer: Sehen Sie!

Fahrschüler: Okay.

Fahrlehrer: Sie sind wieder zu langsam.

Fahrschüler: Ich fahre doch schon 140!

Fahrlehrer: Wollten Sie ...

Fahrschüler: Okay, okay, okay, ich gebe Gas.

Fahrlehrer: Danke.

Fahrschüler: Die Musik ist ganz schön laut.

Fahrlehrer: Was?

Fahrschüler: Ich sagte, die Musik ist ganz schön laut!

Fahrlehrer: Wieso drehen Sie die denn so laut auf?

Fahrschüler: Das war nicht ich, das waren Sie.

Fahrlehrer: Sie sollten sich auf die Straße konzentrieren, anstatt mit mir zu streiten.

Fahrschüler: Okay.

Fahrlehrer: Genau.

Fahrschüler: Okay.

Fahrlehrer: Zünden Sie sich eine Zigarette an.

Fahrschüler: Ich dachte, während der Fahrt ist rauchen verboten.

Fahrlehrer: Ist es nicht.

Fahrschüler: Ich darf also rauchen.

Fahrlehrer: Sie dürfen nicht, Sie müssen sogar.

Fahrschüler: Was? Wieso das denn?

Fahrlehrer: schweigt.
Fahrschüler: Ah, okay!
Fahrlehrer: Na, dann rauch doch!
Fahrschüler: Könnten Sie mir noch mal diesen besonderen Fahrkurs erklären? Ich glaube, ich bin nicht ganz informiert.
Fahrlehrer: Sie meinen Führerschein auf Türkisch?
Fahrschüler: Genau.
Fahrlehrer: Führerschein auf Türkisch heißt, Autofahren unter extremsten Bedingungen lernen. Sie haben bis jetzt zwei Hürden mit Ach und Krach geschafft, jetzt kommt die dritte. Sie müssen sich bei überhöhter Geschwindigkeit alleine eine Zigarette anzünden und dann ...
Fahrschüler: Moment mal! Also, ich zünde mir im Auto nie alleine eine Zigarette an, das macht entweder meine Frau oder mein Bruder oder meine Schwester oder mein Vater oder mein Cousin oder Onkel Ali, aber ich mache das nie selber.
Fahrlehrer: Das ist mir egal, Sie zünden sich jetzt sofort eine Zigarette an! Ist mir egal, wie!
Fahrschüler: Okay.
Fahrlehrer: Mann! Sie sind beinahe dem Mercedes draufgefahren. Aber die haben starke Karosserien, alles okay.
Fahrschüler: Alles okay? Ich habe gerade beinahe einen Unfall gebaut wegen dieser dämlichen Zigarette!
Fahrlehrer: Es ist doch nichts passiert.
Fahrschüler: Aber wenn?
Fahrlehrer: Wenn, wenn, wenn! Sie sollten sich nicht mit Nebensächlichkeiten aufhalten, das macht Sie depressiv,

Sie kriegen Burn-out, werden arbeitsunfähig und können die Raten für Ihren BMW nicht abbezahlen. Das wollen Sie doch nicht?

Fahrschüler: Nein.

Fahrlehrer: Sehen sie.

Fahrschüler: Okay.

Fahrlehrer: Sie sollten die Musik vielleicht etwas runterdrehen.

Fahrschüler: Was denn nun, lauter oder leiser?

Fahrlehrer: Tun Sie immer nur das, was man Ihnen sagt?

Fahrschüler: Wie bitte?

Fahrlehrer: Tun Sie immer nur das, was man Ihnen sagt? Sie scheinen nicht sehr selbstbewusst zu sein.

Fahrschüler: Was soll das jetzt heißen?

Fahrlehrer: Egal, vergessen Sie's, Sie sollten sich nicht mit Nebensächlichkeiten ablenken.

Fahrschüler: Aber Sie nerven mich so langsam!

Fahrlehrer: Hören Sie, wollten Sie nicht den Führerschein auf Türkisch machen? Unter extremsten Bedingungen? Sie haben bis jetzt gerade mal ganz knapp drei Hürden geschafft. Und es wird nicht einfacher, glauben Sie mir.

Fahrschüler: Puh, und wie geht's jetzt weiter?

Fahrlehrer: Sie drehen die Musik noch lauter, zünden sich noch eine Zigarette an und telefonieren mit Ihrer Tante Ayse.

Fahrschüler: Ich soll was?

Fahrlehrer: Sie sollen Ihre Tante Ayse anrufen, jetzt.

Fahrschüler: Ich habe keine Tante Ayse!

Fahrlehrer: Wie bitte? Sie haben keine Tante Ayse? Sie sind

mir ja ein ganz komischer Türke, das muss ich mal sagen! Sie zucken bei dem kleinsten Geräusch zusammen, weigern sich, im Auto zu rauchen, und haben nicht eine einzige Tante Ayse? Sind Sie ein Waisenkind?

Fahrschüler: Ich habe keine Tante Ayse, wie oft muss ich es Ihnen noch sagen!

Fahrlehrer: Streichen Sie Tante Ayse, wie heißen Ihre Tanten?

Fahrschüler: Gülsen, Gülben, Gülfiye, Ümmügülsüm, Ismigül, Gülay, Gülpembe, Gülperi und Gülmine.

Fahrlehrer: schweigt.

Fahrschüler: Hallo, sind Sie noch da? Hören Sie mich?

Fahrlehrer: Ja.

Fahrschüler: Kann ich vielleicht einen Onkel anrufen?

Fahrlehrer: Welchen?

Fahrschüler: Gute Frage, nächste Frage. Ich habe viele. Sehr viele.

Fahrlehrer: Und wie heißen Ihre Onkel?

Fahrschüler: Hasan, Hüsseyin, noch mal Hüsseyin, Ismail, Ahmet, Mehmet, Mehmet Ali, der kleine Ali, der große Ali, Hasan mit blauen Augen, Übeyt, Hüsamettin, Hayrettin, Nusrettin, Fahrettin ...

Fahrlehrer: Mein Gott!

Fahrschüler: Beten wir auch?

Fahrlehrer: schweigt.

Fahrschüler: Hallo, hören Sie mich?

Fahrlehrer: Ja.

Fahrschüler: Soll ich jetzt meine Tante anrufen, irgendeine?

Fahrlehrer: Ja bitte, wenn Sie so freundlich sind?

Fahrschüler: Könnten Sie bitte für mich wählen? Es ist schon dunkel und ohne Brille bin ich blind wie ein Maulwurf.
Fahrlehrer: Okay, warum nicht. Geben Sie mir Ihr Handy. Moment, was sehe ich da? Hier sind acht Nummern unter dem Namen Ayse gespeichert. Können Sie mir das bitte erklären?
Fahrschüler: Wieso erklären? Meine Mutter heißt Ayse und meine Großmutter, allerdings hat die kein Handy, meine Mutter hat ein Touchscreen-Handy, geht aber nie ran, weil sie nicht weiß, wie man das bedient, anrufen zwecklos. Meine Nachbarin heißt Ayse, aber ich kann sie nicht anrufen, ich war mal mit ihrer Tochter verlobt, die übrigens auch Ayse heißt, eine lange Geschichte, die spar ich mir für die Nachtfahrt auf. Meine Großtante heißt auch Ayse, fällt mit gerade ein, aber die zählt nicht, sie ist geizig, die würde ich nicht mal anrufen, wenn ich im Sterben läge. Und meine Frau heißt Ayse, aber nicht richtig. Ihr Vater wollte sie Fatma nennen, die Mutter aber Ayse; na ja, nach dem komplizierten Kaiserschnitt meiner lieben Schwiegermutter, raten Sie mal, wer das Rennen gemacht und den Namen meiner Frau für die Geburtsurkunde angegeben hat. Also, sie heißt Fatma, aber alle nennen sie Ayse.
Fahrlehrer: Oh Gott!
Fahrschüler: Ich dachte, wir beten nicht, oder doch?
Fahrlehrer: Eigentlich nicht.
Fahrschüler: Obwohl, ein kleines Gebet wäre doch gar nicht so schlecht.
Fahrlehrer: Überlassen Sie das Beten mir, achten Sie auf die Straße!

Fahrschüler: Gute Idee.
Fahrlehrer: atmet hörbar aus.
Fahrschüler: Hm, was soll ich heute bloß kochen?
Fahrlehrer: Was? Sie kochen!? Sie kochen? Nicht Ihre Frau, Schwester, Großmutter?
Fahrschüler (empört): Na, wieso denn nicht, ich hab zwei gesunde Arme und Hände.
Fahrlehrer: Aber Sie sind Türke! Türkische Männer kochen doch nicht!
Fahrschüler: Wer sagt Ihnen eigentlich, dass ich Türke bin? Meine Mutter ist Türkin, mein Vater Deutscher, aber ich kenne ihn nicht. Hat sich vor dreißig Jahren aus dem Staub gemacht, der Saubär.
Fahrlehrer: guckt leicht irritiert.
Fahrschüler: Können Sie mir bitte meine Tasche reichen? Wenn ich Ihnen meine Lebensgeschichte erzählen soll, brauch ich eine Bifi.
Fahrlehrer: Was, Sie essen Schweinefleisch?
Fahrschüler: Ist das jetzt ein Fahrkurs oder ein Kochkurs, Sie müssen sich schon entscheiden!
Fahrlehrer: Im Moment eher beides. Achten Sie auf die Straße! Sie wären fast dem Volvo draufgefahren!
Fahrschüler: Nun entspannen Sie sich doch endlich, meine Güte, muss ich Ihnen denn alles beibringen? Und reichen Sie mir die Bifi rüber, okay? Also, meine Mutter kam mit zwanzig nach München, sie war jung, unschuldig und hatte noch nie einen Tag außerhalb ihres Dorfes verbracht. Ihre Freundinnen hatten sie überredet, mit ihnen nach Deutschland zu gehen, einfach so aus Spaß. Keiner nahm

die drei ernst, weil niemand glaubte, dass sie das wirklich durchziehen würden. Hey, nun bleiben Sie mal locker, ich hab schließlich 'ne türkische Mutter, ich kann Auto fahren, Sie mit meiner Lebensgeschichte zutexten und gleichzeitig einen Döner essen, ohne zu kleckern.
Fahrlehrer: nickt stumm.
Fahrschüler: Also, meine Mutter kommt in München an, am 5. August 1983, sie lernt am 1. Januar 1984 meinen Vater kennen, wird schwanger, wird von ihm verlassen, und das Produkt ihrer Leidenschaft hat die Ehre, heute Ihr Auto zu lenken. Geht es Ihnen gut? Sie sehen etwas blass um die Nase aus?
Fahrlehrer: nickt leichenblass dem Fahrschüler zu.
Fahrschüler: Mir ist gleich am Anfang ihr Akzent aufgefallen, Sie sind wohl nicht aus Hamburg?
Fahrlehrer: Nein, ich, äh ja, ich komme aus dem Süden.
Fahrschüler: Doch nicht aus München?
Fahrlehrer: Blinken, bitte die nächste Ausfahrt nehmen. Ich sehe, Sie fahren immer besser. Äh, was hatten Sie gefragt?
Fahrschüler: Ob Sie zufällig aus München sind?
Fahrlehrer: Nein, wie kommen Sie denn auf die Idee? Jetzt bitte rechts, super machen Sie das. Sie haben ein Gespür fürs Auto, so was merke ich sofort.
Fahrschüler: Ach, das macht Spaß, Auto zu fahren! Könnte ich ständig machen.
Fahrlehrer: Retour zur Fahrschule bitte.
Schweigen.
Vor der Fahrschule kramt der Fahrlehrer seinen Quittungsblock hervor, füllt eine aus und reicht sie dem Fahrschüler.

Der blickt kurz darauf, zerreißt sie und schmeißt die Fetzen aus dem Fenster.
Der Fahrlehrer starrt den Fahrschüler entgeistert an.
Fahrlehrer: Was soll das!?
Fahrschüler: Viele Grüße von Ayse, Papi!

Führerschein heißt auf Türkisch *ehliyet*.

Ehekrach auf Türkisch

Am 3. Juli schickte ich meiner geschwätzigen, immer munter plaudernden, nie die Klappe haltenden Freundin Meryem eine verhängnisvolle, unheilschwangere Nachricht per SMS:

Naber ne var ne yok, cokdan beri görüsemedik.

Auf gut Deutsch: Na, wie geht's, wie steht's, lange nichts von dir gehört!

Ich war todesmutig, denn jene Freundin hat eine tödliche Angewohnheit, nein, ein tödliches Hobby, es nennt sich Kampfsabbeln. Sie kann sich nur in epischer Breite unterhalten, unter sechs Stunden läuft nichts bei ihr, unter einem kurzen Gespräch versteht sie, dass man sich wenigstens den kompletten Tagesablauf erzählt, inklusive der wörtlichen Rede aller, wirklich aller Gespräche, die sie an jenem Tag geführt hat.

Es juckte mich wohl an diesem Tag, vielleicht war ich auch lebensmüde oder es lief nichts im Fernsehen, ich schickte also jene SMS und wartete ab, wann das Telefon klingeln würde. Es klingelte nicht, aber ich bekam eine SMS. Genauso tödlich, genauso unheilschwanger.

Ne istiyorsun Muratdan? Bu saatden sonra is konusmasi mi olur?

Auf gut Deutsch: Was willst du von Murat? Um diese Zeit verkehrt man doch wohl kaum geschäftlich?

Leider hatte meine unschuldige SMS einen kleinen Schwenker gemacht und war, wie ich später erfuhr, auf dem Handy eines gewissen Murat gelandet. Der war wohl früher etwas allzu vertraut mit seiner Sekretärin gewesen, und so vermutete seine Frau eine heiße, geile, dampfende Anmache meinerseits, obwohl weder sein Name in der SMS erwähnt wurde, noch ich irgendwas Heißes, Geiles, Dampfendes geschrieben hatte. Aber das war Murats Frau egal.

Ich schrieb unschuldig zurück:

Sen kimsin?

Auf gut Deutsch: Wer bist denn du?

Kaum abgeschickt, klingelte mein Handy. Ich ging ran und am Apparat war eine ... (Name vergessen, bitte denken sie sich selber einen aus, der weiblich und türkisch genug für Ihre Ohren klingt). Ihre Stimme klang wie Donnerhall.

„Ich bin Murats Frau!"

Wuff, dachte ich, was für ein Ton! Das klang so wichtig, so dramatisch, nur war es mir schnurzegal. Ich konnte kaum fassen, dass jemand wegen einer simplen und absolut neutralen SMS so ausflippte.

Dass Murat ein schlimmer Finger sein musste, war mir sofort sonnenklar, aber ich verstand weder die Dramatik, die seine Frau der Sache beimaß, noch wagte ich es, mir Gedanken über ihren Geisteszustand zu machen. Aber eines stand fest: Diese Frau war gefährlich! Die SMS, die sie mir geschrieben hatte, hätte mir das Genick brechen, sie hätte meinen Tod bedeuten können.

Und trotzdem: Warum sollte ich mich hier rausreden? Ich hatte ja nichts getan!

Also, dachte ich mir, diese Irre brauchte einen Denkzettel. Und zwar einen verdammt großen.

„Sen Muratin karisimisin? Bende dostuyum!", sagte ich und legte auf. Auf gut Deutsch: „Du bist also Murats Frau? Ich bin seine Geliebte!"

Das Telefon klingelte, es klingelte und klingelte. Drei Tage lang. Aber ich ging nicht ran. Dann erbarmte ich mich und erlöste Murat von seinen Qualen. Und was für Qualen!

„Wieso bist du nicht rangegangen? Meine Frau hat mir die Hölle heißgemacht!"

„Na und? Deine Frau unterstellt mir, mit dir zu schlafen, wenn mein Mann die SMS gelesen hätte, wäre ich einen Kopf kürzer!"

„Wir haben hier Familiendramen erlebt, das glaubst du gar nicht!"

„Das glaube ich dir blind, was für eine Irre ist das denn? Ich habe meiner Freundin Meryem eine SMS geschickt, ich weiß nicht, wieso die bei dir gelandet ist, darin kommt nicht mal dein Name vor, und deine Frau dreht durch!? Findest du das normal?"

„Natürlich nicht. Sie ist eben eifersüchtig. Aber du kannst doch nicht zu meiner Frau sagen, du wärst meine Geliebte!"

„Erstens, bring deiner Frau Manieren bei, wer anderer Leute SMS liest, wird vom Blitz getroffen! Und zweitens, wer Fremden mutwillig und böswillig SMS schickt, der soll verflucht sein! Was hat deine Frau sich dabei gedacht!"

Murat wollte mir ins Wort fallen, aber ich redete einfach weiter.

„Du hältst mal schön die Klappe, Ali!"

Jetzt unterbrach mich Murat. „Ich heiße Murat, nicht Ali!"

„Auch gut", blaffte ich zurück. „Was ist in diese Frau gefahren? Hätte mein Mann ihre SMS gelesen (einen Mann gab es nicht zu der Zeit, einen Freund ja, aber der lebte in seiner Wohnung, ich in meiner, aber das musste Ali, äh Murat nicht unbedingt wissen), mein Vater (lebte zu der Zeit dreitausend Kilometer entfernt, musste Mesut, äh Murat auch nicht wissen) oder mein Bruder (fährt Taxi irgendwo, geht nie ran, ruft nie an, technisch eigentlich kein Bruder, aber das musste Hasan, äh Ali, äh Murat erst recht nicht wissen), dann wäre ich jetzt Ketchup! Ich wäre eine glibberige Masse, die man vom Boden kratzt! Und du und deine Frau wären schuld daran!"

„Jaja, du hast recht!"

„Und ob ich recht habe! Ich kenn dich noch nicht einmal! Ich kenne überhaupt keinen Murat! Und dann schicke ich eine SMS und deine Frau denkt, ich schlafe mit dir! Was für eine Schande für mich!"

„Das tut mir wirklich leid für dich, aber meine Frau wird immer zur Furie, wenn sie eine SMS von einer anderen Frau findet!"

„Aha, da haben wir es! Du bekommst also ständig SMS von irgendwelchen Frauen, und deine arme Frau findet sie und wird zur Furie. Ist es dir mal in den Sinn gekommen, mit diesem Quatsch aufzuhören und die Finger von den Weibern zu lassen?"

„Du verstehst das nicht! Es ist nicht so, wie du denkst!"

„Ja sicher, immer die gleichen Sprüche! Da kannst du auch gleich sagen, dass deine Frau dich nicht versteht!"

„Meine Frau versteht mich nicht!"

„Sag ich doch! Der absolute Klassiker! Lass mich raten, du bist mit achtzehn Jahren verheiratet worden mit deiner Cousine ..."

Sofort unterbrach Murat meinen Redefluss.

„Cousine mütterlicherseits!"

„Du hast sie genau dreimal gesehen, bevor du mit ihr am Traualter standst?"

„Viermal, und kein Traualter, wir sind doch Moslems!"

„Aha, sag ich doch, und deine Frau versteht dich nicht, du bist also todunglücklich, deine Schwiegermutter nervt dich, und du hast mindestens drei Kinder!"

Stille. Absolute Stille. Kein Mucks mehr von Mesut, äh Murat, nur leises Seufzen.

„Woher weißt du das alles? Als ob du mein Leben in- und auswendig kennst, das ist unglaublich! Zehn Jahre bin ich verheiratet, keinen Tag hat meine Frau mich verstanden, und jetzt kommst du und liest mich wie ein Buch! Wo warst du all die Jahre nur?"

„Halloooo Murat, komm zu dir! Das war keine Anmache, das war eine ungelenke Sozialstudie. Jeder, der bis drei zählen kann, kennt diese Geschichten. Ich kann sie schon nicht mehr hören. Du bist verantwortlich für dein Glück, nicht deine Frau und schon gar nicht deine Eltern! Du hattest die Wahl, du hättest dem Standesbeamten sagen können, du willst nicht heiraten, du wirst gezwungen, blablabla. Das hast du nicht getan, also musst du mit dem leben, was du hast."

„Aber ich musste sie doch heiraten, meine Eltern hätten mich sonst enterbt!"

„Murat, lebst du auf dem Mond? Du bist Türke, du kannst gar nicht enterbt werden!“

„Echt jetzt? Sag bloß, die haben mich reingelegt? Ich kann nicht enterbt werden? Ich krieg also das Haus in Antalya?“

„Ja! Mal echt jetzt, dank dir bin ich in der letzten halben Stunde von der Psychiaterin zur Eheberaterin und zur Anwältin aufgestiegen! Ich sollte solche Gespräche nach Minuten abrechnen!“

„Du bist super! Ich kann es kaum fassen, ich werde nicht enterbt! Ich krieg alles!“

„Na, na, na, jetzt mal nicht übertreiben! Du musst natürlich mit deinen Geschwistern teilen.“

„Ich muss mit Mesut und Mithat und Nihat und Nilüfer und Neslihan teilen? Da bleibt mir ja kaum was übrig! Das ist aber nicht fair!“

„Fair? Was soll das heißen, das ist nicht fair? Was ist denn schon fair im Leben? Es ist 23 Uhr 40 und ich rede am Telefon mit einem unglücklichen Murat, der auch noch mega-unglücklich mit seiner Cousine verheiratet ist, ich muss mir seine bekloppte Lebensgeschichte anhören und du redest davon, dass das Leben nicht fair ist?“

„Wieso bist du so gemein zu mir? Ich dachte, du magst mich!“

„Dich mögen? Wie kommst du auf so einen Quatsch? Ich kenne dich doch gar nicht, Mesut!“

„Ich heiße Murat! Wie oft soll ich dir das noch sagen? Wirst du das denn nie lernen? Jetzt reden wir schon eine Stunde am Telefon und du kannst dir noch nicht einmal meinen Namen merken? Was stimmt denn nicht mit dir? Jetzt hab ich aber genug von dir, morgen gehe ich als Erstes zum Anwalt und reiche die Scheidung ein, das hält ja kein Mensch aus mit dir! All die Jahre umsonst, was hab ich nicht alles für dich getan, und du kannst dir nicht einmal meinen Namen merken? Du bist so undankbar, meine Mutter hatte so recht! Sie hat mir schon, als wir Verlobte waren, gesagt, dass du zickig bist! Und eins sag ich dir ein für allemal ..."

Tüt-tüt-tüt-tüt-tüt ...

Anmerkung der Autorin: Ich betone noch einmal, dass ich Mesut, äh Murat *nicht* kenne. Ich schwöre!
Ehekrach heißt auf Türkisch *kari koca kavgasi.*

Schwiegertochter auf Türkisch

Hasan und Hatice haben geheiratet. Es ist eine arrangierte Ehe. Beide Familien kennen sich lange und haben eines Tages beschlossen, dass es doch eine gute Idee wäre, ihre Kinder zu verheiraten. Und so geschah es. Hasan und Hatice wurden sich vorgestellt und fanden Gefallen aneinander. Somit stand einer Ehe nichts mehr im Weg. Die Familie von Hasan hielt offiziell um die Hand von Hatice an, so wie es sich gehört. Hatices Vater räusperte sich und murmelte etwas von Kismet und dass er es sich noch einmal überlegen würde. Natürlich sagte er am Ende Ja, und dann wurden die Kleinigkeiten besprochen, wie zum Beispiel, wer die Wohnung einrichten und wer was bezahlen, wie viel Mitgift verlangt und wo die Hochzeit gefeiert würde.

Nachdem alles geregelt war, sagte man dem Bräutigam, er könne seine Braut am Hochzeitstag abholen – vorher nicht. Kontakt wurde nur telefonisch gestattet, Treffen waren nicht erlaubt, die Nachbarn könnten ja tratschen. Hasan fand das blöd, aber er beugte sich. Hatice hatte Zweifel an der ganzen Angelegenheit, aber sie protestierte nicht. Je weniger sie von Hasan sah, umso besser, dachte sie. Und die Sache mit der Hochzeit wollte sie einfach durchziehen. Was soll's, immerhin musste sie sich so nicht mehr um einen Ausbildungsplatz kümmern oder arbeiten gehen.

Nach drei Monaten ist der große Tag da. Hasan und Hatice werden von ihren Verwandten gefeiert und reichlich mit Gold und Geld behängt. Doch die Freude über den warmen Geldregen währt nur kurz. Nach der Hochzeit gehen alle müde nach Hause, mit dem Gedanken, alles richtig gemacht und die Traditionen geehrt zu haben. Oder so ähnlich. Aber kaum ist die Feier vorbei, kommt Hatices Schwiegermutter zu ihnen nach Haus und sammelt alles ein: Alle Euroscheine, Goldstücke und Armreifen landen in Schwiegermamas Beutel, und breit grinsend verkündet sie, damit würde sie die Hochzeit bezahlen. Hasan und Hatice schauen sich an und schweigen. Älteren widerspricht man nicht, und erst recht nicht Schwiegermüttern.

Eine Woche nach der Hochzeit klingelt es bei Halime an der Tür. Halime ist die Mutter von Hasan. Sie öffnet und vor ihr steht Hatice mit einem kleinen Koffer. Sie fällt ihrer Schwiegermutter um den Hals und drückt ihr links und rechts ein Küsschen auf die Wange.

Halime ist überrascht. Sie hat nach der Hochzeit nichts mehr von ihrem Sohn gehört und erst recht nichts von ihrer Schwiegertochter.

„Da bin ich, Mama, ich hab es einfach nicht ausgehalten!“

Halime versteht die Welt nicht mehr. Sie hat doch alles richtig gemacht? Weswegen taucht ihre Schwiegertochter mit einem Koffer bei ihr auf? Sie müsste doch überglücklich sein, trunken vor Liebe bei ihrem Mann Hasan.

„Aber Kind, was heißt denn nicht ausgehalten? Du hast doch gerade erst geheiratet. Was ist passiert?“

Hatice tritt ein und stellt ihren Koffer ab. Sie schwingt sich auf die Couch und legt die Beine quer über den Tisch der Schwiegermutter.

„Na ja, passiert ist eigentlich gar nichts. Ich habe nur festgestellt, dass die Ehe nicht das Richtige für mich ist. Und da dachte ich, ich komme zu dir und bleibe hier."

Halimes Körper bebt, sie glaubt, Hatice würde scherzen, aber sie klingt ganz ruhig. Und was sie sagt, hört sich nicht nach einem Witz an.

„Aber dein Platz ist jetzt an der Seite deines Mannes! Ihr seid doch erst eine Woche verheiratet!"

„Ich habe eben hundertachtundsechzig Stunden gebraucht, um festzustellen, dass Hasan nicht der Richtige für mich ist. Zu meinen Eltern kann ich nicht zurück, ich bin jetzt eine verheiratete Frau und trage euren Namen."

Halime lässt sich atemlos auf ihre Couch sinken. Sie fasst sich an die bebende Brust. Nein, nein, nein, pocht es in ihr. Das darf doch nicht wahr sein! Und Scheiße, was werden die Nachbarn dazu sagen!

„Und außerdem, Mama, wenn ich zu meinen Eltern gehe, was würden die Nachbarn dazu sagen? Ich hatte keine andere Wahl, ich musste hierher kommen."

„Aber was sagt Hasan dazu? Er liebt dich doch, er würde doch keinen Tag von dir getrennt sein wollen."

„Hasan? Der weiß es noch gar nicht. Ich dachte, *du* würdest ihm sagen wollen, dass ich ihn verlasse und ab jetzt bei euch leben werde."

„Warum zum Teufel sollte ich das tun wollen?"

Halime ist stinksauer. Da holt man sich eine Schwiegertochter ins Haus, und nun das. Undankbares junges Ding. Und dieser Frau hat sie neun Armreifen aus 22-karätigem Gold geschenkt!

„Aber Mama, du hast doch bis jetzt immer für mich geredet. Du hast alles für mich entschieden. Wann wir heiraten, wo wir heiraten, welche Gäste wir einladen, welches Brautkleid ich kaufen darf. Da ist es nur richtig, wenn du weiter für mich redest. Ich möchte dich nicht übergehen, du bist doch so viel älter als ich."

Gerade mal zwanzig Jahre, will Halime sie anbrüllen, aber jetzt ist nicht der richtige Zeitpunkt, mit Hatice zu streiten. Sie muss sie besänftigen, einlullen und so lange bearbeiten, bis sie in die Arme ihres Mannes zurückfliegt, und zwar flott. Ehe Cevat nach Hause kommt.

„Du hast recht, mein Kind. Die Ehe ist kein Kinderspiel. Als Cevat und ich geheiratet haben, habe ich ihn gehasst. Ich fand ihn abstoßend und widerlich, und sieh mich jetzt an. Heute liebe und vergöttere ich meinen Mann. Ich könnte keinen Tag mehr ohne ihn leben."

Hatice schaut Halime mit großen Augen an.

„Ich verstehe das sehr gut, Mama. Aber weißt du, bei mir ist es genau umgekehrt. Ich habe Hasan verehrt und vergöttert, ich wollte mit ihm alt werden. Aber jetzt, wo ich mit ihm eine Wohnung teile und sehe, was er tut, merke ich, dass er einfach nicht der Mann ist, für den ich ihn gehalten habe. Er langweilt mich. Er stößt mich ab. Ich finde ihn widerlich. Ich hatte keine Wahl, ich musste hierher kommen."

„Aber wovon willst du denn leben, mein Kind? Dazu hast du doch einen Mann, damit er dich versorgen kann. Und Hasan möchte dich bestimmt für den Rest seines Lebens versorgen."

Hatice schüttelt den Kopf.

„Vor drei Tagen war ich krank, ich hatte Fieber und fühlte mich elend. Ich bat Hasan, mir Tee zu kochen, mir Börek zu machen und mir die Füße zu massieren. Er hat nichts davon getan. Er hat sich mit seinen Kumpeln getroffen. Also, nix mit für den Rest des Lebens, Mama."

Halime hält sich den Kopf. Wie soll sie das bloß Cevat beibringen? Er wird stinksauer sein, wenn er sieht, dass sie nicht mal mit einer Schwiegertochter klarkommt ... Sie muss auf mich hören. Ich bin die Ältere, ich bin die Respektperson, und es wird gemacht, was ich sage. Zumindest bis mein Mann nach Hause kommt.

„Aber Kind, das ist doch kein Leben! Du kannst doch nicht bis ans Ende deiner Tage bei uns hier bleiben! Ohne Mann musst du arbeiten gehen, Geld verdienen und für dich sorgen."

„Aber Mama, weißt du noch, wie du uns vor sieben Jahren besucht hast? Du hast mit meinem Vater darüber gesprochen, dass Mädchen keine Ausbildung brauchen. Sie heiraten sowieso und werden von ihren Männern versorgt. Für den Rest ihres Lebens, hast du gesagt. Du hast gesagt, Hatice muss nicht aufs Gymnasium, wenn eine Frau zu klug ist, ist es schwer für sie, einen Mann zu finden. Ich habe keine Ausbildung und keinen Schulabschluss. Aber ich bin hübsch. Eigentlich bin ich doch die perfekte Schwiegertochter für dich?"

Halime starrt Hatice an. Ihr fällt nichts mehr ein. Sie ist einfach nur sprachlos. Sie denkt an die Tochter ihrer Tante zweiten Grades, die hätte sie mit Hasan verkuppeln sollen.

Sogar Hasans Kurzzeitfreundin Christina erscheint ihr jetzt als gute Partie, obwohl sie damals fast in Ohnmacht gefallen ist, als Hasan sie mit nach Hause brachte. Sie hat alles richtig gemacht, aber trotzdem läuft alles, alles falsch.

„Was wirst du denn jetzt tun, Kind? Wie soll es denn weitergehen?"

Hatice greift nach der Fernbedienung und machte den Fernseher an.

„Nichts. Ich werde erst mal nichts machen. Ich gucke fern und ruhe mich aus. Die Woche mit Hasan war wirklich anstrengend."

Halime überlegt fieberhaft. Diese dumme Schwiegertochter hat sie in eine unmögliche Lage gebracht. Soll sie Hatices Mutter anrufen? Sie könnte, aber dann würde sie ihr Gesicht verlieren. Sie würde sich unsäglich blamieren, sie weiß genau, was Ayfer sagen würde:

„Schaffst du es nicht mal, dass deine Schwiegertochter auf dich hört? Du bist so viel älter als sie, wenn sie nicht gehorcht, musst du eben strenger sein mit ihr!"

Nein und nochmals nein, diese Genugtuung wird sie Ayfer nicht gönnen. Außerdem ist sie immer noch sauer auf Ayfer, weil die während der Hochzeitsvorbereitungen von ihr Milchgeld verlangt hat. Milchgeld von ihr! Dabei wusste Halime ganz genau, dass Ayfer ihre Tochter ganze drei Tage gestillt hatte, und dafür wollte sie ein Beşibiryerde! Frechheit!

Nein, Ayfer ist die Letzte, die sie jetzt anrufen und um Hilfe bitten kann.

Was soll ich nur machen, denkt Halime verzweifelt.

Dann hat sie eine Idee. Sie wird etwas tun ... etwas, das Türken seit Hunderten von Jahren tun.

Sie macht Tee und Börek. Während Hatice auf der Couch liegt und sich durch die Programme zappt, deckt Halime den Tisch und wagt nicht, ihre Schwiegertochter um Hilfe zu bitten, ja sie verzichtet in diesem Fall gerne auf die Hilfe, sie will und muss in Ruhe überlegen. Wie bekomme ich meine Schwiegertochter wieder aus dem Haus und zurück in das Haus meines Sohnes? Und das möglichst für immer?

Es hat keinen Zweck, sie kann nicht denken, sie ist einfach zu hungrig. Sie braucht mindestens drei Tassen Tee und vier Stück Börek, dann kann sie sich ernsthaft Gedanken über die Situation machen.

Halime holt ihr teures Silbertablett, gießt zwei Tassen Tee ein und trägt es ins Wohnzimmer. Hatice liegt noch immer auf der Couch. Nichts scheint sie zu stören, sie ist die Ruhe selbst. Nichts deutet darauf hin, dass diese Frau vor einer Woche eine strahlende Braut gewesen ist und nun nichts wie raus aus ihrer Ehe will. Sie sieht nicht mal traurig aus, stellt Halime fest. Und das ist das wirklich Traurige an der ganzen Sache.

„So mein Kind, hier ist Tee und Börek. Mit Kartoffeln, die isst du doch so gern. Mit gerösteten Zwiebeln, ohne Minze. Mir fiel ein, dass du das nicht magst."

Hatice langt zu. Halime hat nicht zu viel versprochen, die Börek sind genauso, wie sie es liebt. Während sie kaut, fängt sie an zu erzählen. Mit vollem Mund, aber das ist jetzt auch egal.

„Weißt du was, Mama, ich habe eine Idee. Du weißt ja,

ich habe keine Ausbildung. Eigentlich habe ich nichts außer einem Trauschein, und der nützt mir nur etwas, wenn ich in einem Hotel in der Türkei mit meinem Mann ein Zimmer nehmen möchte. Ich denke, dafür werde ich ihn nicht brauchen, aber das ist jetzt auch nicht wichtig ... Ich werde Dönerverkäufer."

Halime bleiben die Börek im Halse stecken. Dönerverkäufer? Ihre Schwiegertochter mit den manikürten, perfekt lackierten Fingernägeln will Döner verkaufen?

„Aber wieso das denn? Warum verkaufst du nicht Klamotten oder wirst Kassiererin?"

„Ganz einfach, weil ich mehr vom Leben möchte. Viel mehr. Weißt du, ich hatte so viele Träume, ich wollte heiraten und glücklich sein, aber es hat nicht funktioniert. Deshalb möchte ich ein Geschäft aufbauen, ich will mit meinen eigenen Händen etwas erschaffen. Aber dafür brauche ich natürlich Kapital."

Geld! Jetzt wird es ernst. Was, wenn Hatice Geld von mir haben will? Wir haben doch keins, denkt Halime. Aber Hatice weiß es besser.

„Du, Mama, erinnerst du dich noch, wie viel Geld und Gold Hasan und ich bei der Hochzeit geschenkt bekommen haben?"

Natürlich hat Halime das nicht vergessen, es ist ja erst eine Woche her. Der Beutel war reich gefüllt. Kein Wunder, bei sechshundert Gästen kommt einiges zusammen. Halime hat sich alles von Braut und Bräutigam geben lassen, weil sie den Festsaal bezahlen musste. Das hat sie auch getan. Trotzdem blieben zehntausend Euro übrig. Und Goldschmuck im Wert von zwanzigtausend Euro. Aber das war nur gerecht. Sie hatte schließlich auch Hatices Mutter ein Besibiryerde geben müssen. Und all die Ausgaben für die Hochzeit, die Kosten mussten ja irgendwie gedeckt werden.

„Ja, Hatice. Was ist mit dem Geld?"

„Mama, bitte gib es mir. Ich will einen Dönerladen aufmachen. Ich möchte selbstständig werden."

„Aber Kind, wie soll das denn gehen? Du hast doch keine Ahnung vom Geschäft."

„Das lass mal meine Sorge sein. Außerdem hat man entweder Ahnung vom Geschäft oder man hat Geld, beides braucht man nicht. Ich muss arbeiten. Oder soll ich von morgens bis abends auf deiner Couch liegen und nichts tun? Und euch auch noch Geld kosten? Rechne mal aus, was da zusammenkommt! Ich bin zweiundzwanzig, stell dir mal vor, ich werde achtzig und ihr müsst mich bis dahin versorgen. Scheiden lassen kann ich mich ja nicht, das wäre eine Schande. Was sollen die Nachbarn denken? Da ist es für euch viel billiger, wenn du mir das Geld gibst und ich sorge selber für meinen Lebensunterhalt."

Verdammt, denkt Halime, eine Woche Ehe und man bekommt zigtausend Euro und ein halbes Kilo Goldschmuck! Was war ich blöd, verheiratet zu bleiben! Auf meiner Hochzeit waren achthundert Gäste und es gab zwei prallvolle Beutel. Die natürlich von meiner Schwiegermutter eingesackt wurden.

Halime weiß, wann sie verloren hat. Sie kaut den letzten Bissen ihres Börek und tut etwas Sensationelles: Sie trifft eine Entscheidung ohne ihren Mann. Sie geht wortlos in ihr Schlafzimmer, öffnet ihren Kleiderschrank, wühlt zwischen Bettwäsche und Unterwäsche und holt den Hochzeitsbeutel hervor.

Wortlos übergibt sie ihn ihrer Schwiegertochter. Die strahlt sie an.

„Danke, Mama, ich wusste, du würdest mich nicht im Stich lassen. Du bist die beste Schwiegermutter der Welt."

Halime nickt. Sie ist besiegt. Sie hat nichts mehr zu sagen, und sie muss auch nichts mehr sagen. Kaum hat sie den Beutel, räumt Hatice blitzschnell den Tisch ab, zieht sich an, verabschiedet sich unter Tränen von ihrer Schwiegermutter und rauscht davon.

Halime sitzt stumm vor Entsetzen auf der Couch, bis ihr Blick auf den Koffer fällt, den Hatice stehen gelassen hat. Er erinnert sie an die alten türkischen Filme, in denen Menschen immer einen leeren Koffer mit sich tragen. Sie steht auf und öffnet den Koffer.

Er ist leer.

Halime wankt zur Couch und legt sich hin.

Zwanzig Minuten später klingelt es an der Tür. Es ist Hatices Mutter Ayfer. Leichenblass steht sie da, mit großen, ungläubigen Augen.

„Halime, ich weiß nicht, wie ich es dir sagen soll. Ich habe eine schlechte Nachricht."

Halime kann keine schlechte Nachricht mehr ertragen, aber sie weiß, das wird Ayfer nicht davon abhalten, ihr haargenau zu berichten.

„Komm erst mal rein."

Kaum hat Ayfer ihren Mantel abgelegt, fängt sie an zu erzählen.

„Heute Morgen stand doch plötzlich dein Sohn vor unserer Tür. Er wollte bei uns einziehen! Ich konnte kaum fassen, was er mir erzählt hat ...“

„Und was wollte er von dir, Ayfer?“

„Na, was wohl, mein Geld wollte er. Gekriegt hat er mein Beşibiryerde, nachdem er mir zwei Stunden lang die Ohren vollgequasselt hat. Kannst du dir das vorstellen, dein Sohn auf meiner Couch für den Rest seines Lebens?“

„Lass mich raten, mein Sohn will einen Dönerladen eröffnen, stimmt's?“

Ayfer kaut den kalten Börek und nuschelt:

„Woher weißt du das?“

Halime fängt an zu lachen. Sie lacht und lacht und kann nicht mehr aufhören.

Schwiegertochter heißt auf Türkisch *gelin*.

Beşibiryerde ist ein Goldtaler, der oft als Milchgeld verlangt wird. Der Taler wiegt etwa 36 Gramm.

Seitensprung auf Türkisch

Ein wunderschöner Frühlingstag in Hamburg. Binnur hat alle ihre Freundinnen um sich versammelt und feiert Junggesellenabschied. Ihre verheiratete Schwester Esra hat die Party organisiert, sie hat die Wohnung mit Ballons geschmückt und Getränke eingekauft, es gibt Prosecco und zur Feier des Tages echten französischen Champagner für die Braut. Binnurs Brautkleid hängt im Kleiderschrank, die Einladungen wurden vor Monaten verschickt, nun tickt die Uhr: In genau sieben Tagen heiratet sie Fahrettin. Heute treffen sich ihre Freundinnen und lassen sie hochleben, eine kleine intime Feier. Semra, Serap, Ayten und Canan sind schon da und nippen an ihren Gläsern. Handan, Sevtap und ihre Cousinen Ilknur, Aynur, Ayse und Senay sind noch unterwegs. Kaum sind sie eingetroffen, fließt der Prosecco, die Gespräche werden lauter und ausgelassener. Binnur hat sich extra für diesen Abend von ihrer Freundin frisieren lassen, eine elegante Hochsteckfrisur im Stil von Farah Diba, genauso will sie ihre Haare auch an ihrem Hochzeitstag tragen. Binnur ist glücklich, sogar selig, die Zukunft liegt vor ihr wie ein Teppich aus Rosen, sie muss ihn nur betreten, Hand in Hand mit ihrem geliebten Fahrettin.

Da hat Ayten eine Idee.

„Wisst ihr was, wir schicken Fahrettin eine SMS und legen ihn rein, wie findet ihr das?"

Ayten hat etwas zu tief ins Glas geschaut, aber das ist

nicht verwunderlich, sie ist seit sieben Jahren verheiratet und zerspringt nicht gerade vor Glück. Binnur horcht auf.

„Was denn für eine SMS?"

„Na ja, so was wie: *Na, wie geht's, wie läuft's, geht's Tante Moni gut?* Eben eine Fake-SMS, mal sehen, wie er reagiert."

Ilknur hat nichts getrunken, weil sie gerade ihr erstes Kind erwartet, sie knabbert dafür allen die Salzstangen weg. Sie guckt skeptisch.

„Und was soll das bringen?"

Ayten grinst breit, ihre Wangen glühen vom Alkohol.

„Keine Ahnung, aber das ist es ja eben, wir schreiben ihm dämliches Zeug und warten ab, was kommt. Und wenn er sich so richtig ärgert, dann ruft ihn Binnur an und sagt ätschibätsch."

Ach so, denken die Mädels, warum eigentlich nicht? Also tippt Ayten ihre Nachricht an Fahrettin und alle warten gespannt, was gleich passiert.

Hallo, was geht ab? Lange nicht gesehen, schöne Grüße an Onkel Hubert.

Ayten findet, diese Nachricht hat die richtige Balance hat zwischen Quatsch und Wahrheit. Sie hat Fahrettin seit der Verlobung nicht gesehen und Hubert heißt ihr Nachbar. Ein kurzer Piepton und Ayten stürzt sich auf ihr Handy.

Ja, wer bist denn du?

Ayten liest die Nachricht laut vor. Alle grinsen und überlegen, was sie als Nächstes schreiben sollte. Binnur sagt:

„Schreib ihm doch, du hättest ihm aus Versehen geschrieben und heißt Heidi."

Sofort tippt Ayten los und nur Sekunden später erscheint eine neue Nachricht von Fahrettin auf dem Display:

Bist du schön, Heidi?

Alle brüllen vor Lachen und Binnur stellt sich Fahrettins Gesicht vor, wenn er merkt, das Heidi eigentlich Ayten heißt. Und hundert Kilo wiegt, eine Tatsache, die Fahrettin sofort an ihr gestört hat. Schon bei ihrem ersten Treffen hat er scherzhaft zu Binnur gesagt, sie dürfe niemals so fett werden wie ihre Freundin Ayten. Binnur war frisch verliebt und lachte nur darüber. Auch heute grinst sie. Ayten tippt munter weiter.

Ja, sehr sogar, ich bin 1,70 und wiege 50 Kilo, wollen wir uns irgendwann mal treffen?

Ayten liest die Nachricht laut vor, bevor sie sie abschickt, und plötzlich zuckt Binnurs linkes Augenlid. Es zuckt seltsamerweise immer, wenn sie schlechte Nachrichten erwartet. Aber die Mädchen johlen und lachen, die Stimmung ist prima, wie auf einer Hochzeit. Alle sind heiter, alle scheinen glücklich, was für schlechte Nachrichten kann sie da erwarten?

Dann bist du verdammt sexy, Heidi. Wollen wir uns treffen? Sofort? Irgendwann dauert mir zu lange!

Ayten starrt auf ihr Handy, die Mädchen umringen und drängen sie, die SMS endlich vorzulesen, aber sie kann nicht. Sie kennt Fahrettin nur flüchtig, sie hat ihn einige Male getroffen. Niemals hätte sie gedacht, dass er tatsächlich auf so eine plumpe Anmache anspringen würde. Sie war sich sicher, dass er anrufen und laut schimpfen würde, stattdessen schlägt er ein Treffen vor, eine Woche, bevor er ihre beste Freundin heiratet. Was soll sie tun? Binnur hat bemerkt, dass sie zögert.

„Nun lies schon vor, Ayten, was hat er geschrieben?"

Stumm hält Ayten Binnur ihr Handy hin. Sie nimmt es und liest. Das Handy fällt ihr aus der Hand, sie wird kreidebleich. Was ist los, fragen die Freundinnen. Alle reden durcheinander, während Binnur sich auf den Teppich setzt, die Arme um ihre Beine schlingt und ihre Freundinnen anstarrt. Niemand wagt es, ein Wort zu sprechen. Das Handy wandert von einer zur anderen, jeder liest die Nachricht. Plötzlich kann man die Luft schneiden und Esra verflucht sich, weil sie die Idee zu dieser Party hatte. Warum soll man so was feiern, reicht nicht der Henna-Abend einen Tag vor der Hochzeit, mit vierhundert Gästen? Aber Binnur wollte auch eine kleine Feier mit ihren engsten Freundinnen.

So ist sie eben, ihre kleine Schwester. Wie ein Häufchen Elend sitzt sie nun auf dem Teppich. Jede weiß, was gerade passiert ist. Wie soll es weitergehen? Kann es überhaupt weitergehen? Die Hochzeitslocation ist reserviert und bezahlt, über achthundert Freunde, Bekannte und Verwandte sind eingeladen, und jetzt soll alles vorbei sein?

Esra setzt sich zu ihrer Schwester und nimmt ihre Hand. Binnur laufen Tränen über das Gesicht.

„Sei nicht traurig, Binni, alles wird gut."

Immer wenn es Binnur schlecht geht, nennte Esra sie Binni, und Binnur ärgert sich darüber, sie streiten und es endet damit, dass sie über diesen dummen Streit lachen.

Aber heute ist das anders. Binnur springt auf und flucht, dass alle zusammenzucken.

„Dieser dumme Bastard! Dieser Idiot! Schöne Heidi, sexy Heidi, ich werde dieses Aas fertigmachen!"

Alle Augen sind auf Binnur gerichtet. Entschlossen steht sie da, Tränen im Gesicht.

„Dieser bekloppte Bananensaft-Trinker, ich hätte es von Anfang an wissen müssen, welcher Mann trinkt schon Bananensaft? Ich hatte ein schlechtes Gewissen, weil ich einen Freund vor ihm hatte, einen einzigen Mann, und er sagte, er verzeiht mir! Wie nett von ihm, oder? Und was macht er, er buttert in ganz Hamburg Brötchen!"

Ayten redet beruhigend auf Binnur ein.

„Aber das wissen wir doch nicht, Binnur, es ist doch nur eine dumme SMS, vielleicht hat er sich auch einen Scherz erlaubt, genauso wie wir. Er meint es nicht ernst, genau wie wir, kann doch sein, oder?"

Binnur schaut sie flehentlich an, sie wünscht sich so sehr, dass Ayten recht hat.

„Es tut mir so leid, Binnur!"

Canan schluchzt und man versteht kaum, was sie sagt.

„Ich wollte nichts sagen, aber ich kann es nicht mehr für mich behalten. Es tut mir so leid für dich, aber du bist besser dran ohne Fahrettin."

Binnurs Lippen beben. Kann es schlimmer werden? Anscheinend ja. Sie braucht Canan nicht zu fragen, worauf sie hinaus will, sie ahnt es bereits. So wie sie es schon die ganze Zeit geahnt hat.

„Er hat mich angemacht, kurz nachdem du ihn mir vorgestellt hast. Ich habe monatelang überlegt, was ich tun soll, ob ich es dir sagen soll, aber ich konnte es nicht. Immer wenn ich es sagen wollte, hast du mir von ihm vorgeschwärmt. Ich wollte dich nicht verletzen."

Binnur lässt sich auf die Couch fallen. Sie hat keine Kraft mehr, aber in ihr rumort es. Sie überlegt fieberhaft, wie sie das ihren Eltern beibringen kann. Wie soll es überhaupt weitergehen? Was soll sie jetzt tun? Zu Fahrettin fahren und ihn mit einer Nagelschere kastrieren?

Ich muss mich rächen, überlegt sie, und zwar so, dass es niemand vergessen wird. Jeder soll es wissen. Jeder soll wissen, dass sie betrogen wurde.

Zwei Tage später

Binnur hat sich herausgeputzt und schön gemacht. Ihr Verlobter holt sie ab, zusammen wollen sie im Juwelierladen von Aynurs Mann Goldschmuck aussuchen. Eigentlich will Binnur gar keinen Schmuck, aber es ist Tradition, dass die Familie des Bräutigams der Braut so viel Schmuck wie nur irgend möglich schenkt und sich verschuldet bis zum Sankt Nimmerleinstag. Nachdem Fahrettin mit Binnur ein ernstes Gespräch wegen der Kosten hatte, entschied sie sich gegen die Tradition. Wozu teuren Schmuck, mein kostbarstes Juwel bist doch du, hat sie ihrem Verlobten gesagt. Aber jetzt liegen die Dinge anders.

„Denk bitte daran, unser Limit sind fünftausend, mehr kann ich mir nicht leisten, mein Schatz."

Binnur lächelt zuckersüß.

Aynurs Mann Cevdet begrüßt beide herzlich. Aynur ist

auch im Laden und serviert heißen schwarzen Tee. Man schwatzt munter, bis der Tee ausgetrunken ist. Dann fängt Binnur an, ihren Hochzeitsschmuck auszusuchen. Cevdet zeigt ihr nur die teuersten Stücke, was Fahrettin sichtlich ins Schwitzen bringt. Binnur seufzt und sagt traurig zu Cevdet:

„Du meinst es zu gut mit mir, Cevdet, unser Budget liegt bei fünftausend und ich darf es nicht überschreiten, hat Fahrettin gesagt."

Fahrettin zuckt peinlich berührt zusammen, aber er ist lieber blamiert als pleite. Doch Cevdet kann nicht fassen, was er gehört hat.

„Fünftausend? Ist das dein Ernst? Nein, das glaube ich nicht!"

Laut ruft er seiner Frau Aynur zu:

„Hast du das gehört, Fahrettin will für Binnur nur fünftausend Euro ausgeben! Kannst du das fassen, Aynur? Also, das geht nun wirklich nicht! Mensch, Fahrettin, Aynurs sechzigjähriger Onkel hat vor zwei Monaten eine fünfzig Jahre alte Witwe geheiratet, und sie bekam eine zwei Meter lange Goldkette, zehn Goldarmbänder und einen Diamantring. Ist deine zukünftige Frau dir wirklich so wenig wert?"

Cevdet fragt das ziemlich laut, findet Fahrettin, zumal plötzlich noch zwei andere Paare im Laden sind, die ihn abschätzig angucken. Fahrettin fängt an zu stottern und redet etwas von wenig Geld. Er hat schon Schweißflecken unter den Armen, aber Cevdet und Binnur starren ihn an, als würden sie ihn gar nicht hören. Cevdet schiebt die teuren Stücke zur Seite und zwinkert Fahrettin zu.

„Ich verstehe dich vollkommen, mein Bruder, als ich Aynur heiratete, hat ihre Familie mich komplett ausgezogen und ausgesaugt, ich war verschuldet von hier bis nach Uganda, aber sie ist mir jeden Cent wert gewesen. Warte einen Augenblick, ich hab da was für dich."

Fahrettin atmet auf, er ist dem Schuldentod von der Schippe gesprungen. Aber er hat die Rechnung ohne den Wirt, oder besser gesagt: die Wirtin gemacht. Cevdet geht in sein Büro hinter dem Laden und kommt mit einem Packen Papieren zurück.

„Mein Vater und ich haben uns viele Gedanken gemacht, wie wir Paaren helfen, eine Zukunft aufzubauen. Viele haben wenig Geld, so wie du, Fahrettin, aber ich versichere dir, du brauchst dich nicht zu schämen, weil du nicht flüssig bist. Deine Braut sucht sich was Schönes aus, und wir Männer machen das unter uns ab. Binnur bekommt das Gold, das sie verdient, und du wirst für sie sorgen, so wie es sich für einen Mann gehört."

Cevdet zückt seinen Kugelschreiber und schaut Binnur aufmunternd an.

„So, liebe Binnur, der Laden gehört dir, bedien dich und greif zu! Fahrettin und ich, wir legen hier ein paar schöne Raten fest, du musst nicht darunter leiden, dass Fahrettin kein Geld hat."

„Ich habe nie gesagt, ich habe kein Geld!"

Fahrettin platzt fast vor Wut, aber er muss gute Miene machen, er hat keine andere Wahl. Cevdet hat die Männerkarte ausgespielt, es gibt für Fahrettin kein Zurück, er muss für Binnur sorgen, er muss den Schmuck bezahlen.

Die Würfel sind gefallen, sie prasseln auf Fahrettins Kopf. Er zwinkert Binnur zu, er will ihr mit den Augen sagen, sie soll nicht zu großzügig sein, sie soll an seine finanzielle Situation denken. Aber Binnurs Augen leuchten wie Goldtaler und Fahrettin weiß, dass er den Kampf verloren hat. Den Kampf und mindestens zehntausend Euro. Binnur sucht, sortiert und probiert immer mehr Schmuck aus, bis ein kleiner Berg vor ihr liegt und Cevdet flink Papiere ausfüllt.

Am Ende hat sich Binnur Schmuck im Wert von zwölftausendsechshundertachtundsiebzig Euro ausgesucht und Fahrettin nicht nur sein Hemd, sondern auch die Hose nass geschwitzt. Cevdet überreicht ihm Kopien von Papieren, auf denen steht, dass er zweiundsiebzig Monate lang hundertsechsundsiebzig Euro an Cevdet zahlen muss. Binnur strahlt und glüht vor Freude. Fahrettin wagt kaum, etwas zu sagen, außer Cevdet zu danken für die tolle Idee, Dutzende Schuldscheine aufzusetzen, damit seine Zukünftige wie ein Weihnachtsbaum mit Schmuck behängt werden kann.

Vier Tage später

Binnur sitzt auf ihrem Bett und breitet den Schmuck aus, den sie sich ausgesucht hat. Sie freute sich diebisch, dass sie Fahrettin ausgetrickst hat, aber es liegt ihr etwas auf der Seele: Ihre Eltern haben keine Ahnung von ihren Plänen, und sie weiß, dass sie traurig sein werden. Sie hat kaum begriffen, was ihr Fahrettin angetan hat, aber sie spürt mehr denn je, dass er nicht der Richtige, dass er nicht der Eine ist. Und um keinen Preis der Welt will Binnur heiraten, nur um verheiratet zu sein. Sie muss sich einen Ruck geben und ihre Mutter einweihen, sie kommt nicht darum herum. Sie braucht noch eine Verbündete außer ihrer Schwester in der Familie.

„Mama?"

Binnurs Mutter steht in der Küche und bereitet Dolma zu, grüne Paprikaschoten, gefüllt mit der leckersten Reisfüllung der Welt. Keine Mama auf der Welt kann sie so gut machen wie meine, denkt Binnur.

Sevim schaut ihre Tochter liebevoll an.

„Mama, setz dich bitte, ich muss dir was sagen."

Binnur holt tief Luft, es fällt ihr unendlich schwer, aber es muss raus. Ihre Mutter muss es wissen.

„Mama, ich werde Fahrettin nicht heiraten. Er ist nicht der Richtige."

Ihre Mutter springt auf und fängt an zu tanzen, sie lacht und schreit: „Juhu!"

„Mama, was ist los!? Ich dachte, du magst Fahrettin!"

„Bist du wahnsinnig, mein Kind, ein Blinder konnte sehen, dass er nicht der Richtige ist."

„Aber warum hast du nie ein Wort gesagt!? Ich hätte beinahe den falschen Mann geheiratet!"

Sevim drückt ihre Tochter an sich und schaut sie an.

„Ich wusste, dass du es selbst rausfinden würdest, und wenn es am letzten Tag vor der Hochzeit wäre. Nur du allein konntest das entscheiden. Ich habe dich nicht dazu erzogen, dich willenlos dem Erstbesten hinzugeben, mein Kind."

„Na, das ist ja noch mal gut gegangen. Ich bin so froh,

dass ich diesen Idioten bald los bin. Er wollte sich mit meiner besten Freundin verabreden!"

„So ein Bastard!"

Binnur ruft Fahrettin an und macht ein Treffen mit ihm aus. Sie sagt ihm nicht, was sie vorhat; wohin es gehen soll, wird er schon früh genug erfahren. Nach dem kleinen Shoppingnachmittag im Juwelierladen ist Fahrettin ihr gegenüber etwas kühl, ja, er meldet sich nicht mehr bei ihr, aber Binnur ist das egal. Sie zieht sich schick an, schminkt sich dezent und fährt zum Treffpunkt. Vor der Tür wartet Fahrettin schon. Er hat ihr nicht angeboten, sie wie sonst zu Hause abzuholen.

„Da bist du ja endlich, Binnur, was willst du mit mir besprechen?"

Fahrettin kommt sofort zur Sache, er hat wie immer keine Geduld und keine Manieren.

„Hallo Fahrettin, ich will nichts mit dir besprechen, aber mein Anwalt meint, wir sollten einen Ehevertrag aufsetzten, für den Fall der Fälle."

Fahrettin guckt blöd aus der Wäsche.

„Wieso das denn? Und warum fragst du zuerst deinen Anwalt und nicht deinen Verlobten?"

„Dass soll dir lieber mein Anwalt erklären, dafür wird er teuer bezahlt."

Fahrettin verzieht das Gesicht und trottet Binnur hinterher. Sie setzen sich ins Wartezimmer und werden dann von Senay hereingerufen.

Der Anwalt begrüßt das Paar mit Handschlag und beglückwünscht beide zur bevorstehenden Vermählung.

„Nun, Herr Akyürek, wie ist es, mit einer so vermögenden Frau zusammen zu sein?"

Fahrettin schaut sich fragend um, er hat noch nicht begriffen, warum er hier ist, und nun redet der Anwalt wirres Zeug. Warum zum Teufel soll Binnur vermögend sein? Sie arbeitet als Frisörin und wohnt noch bei ihren Eltern.

„Herr Hansen, Sie müssen meinen Verlobten entschuldigen, er ist vollkommen ahnungslos. Deswegen habe ich gedacht, Sie erklären ihm die ganze Geschichte."

Eine vermögende Frau? Binnur ist reich? Fahrettin wird neugierig.

„Herr Akyürek, Ihre Verlobte besitzt ein Vermögen von etwa einer halben Million Euro, so genau wissen wir das nicht, weil das Geld angelegt ist und ständig Zinsen dazukommen. Sie hat das Geld von ihrem Ururgroßvater geerbt, der wanderte vor über hundert Jahren in die Vereinigten Staaten aus, machte in Öl und wurde steinreich. Als er starb, hinterließ er ein Testament, in dem er Binnur zur Universalerbin einsetzte, allerdings unter der Prämisse, dass sie erst an das Geld herankommt, wenn sie fünfundzwanzig Jahre alt und verheiratet ist. Können Sie mir folgen, Herr Akyürek?"

Fahrettin wird bleich, alles drehte sich, der Raum scheint zu tanzen, er hört Geigen und Harfen und vor sich sieht er seinen Großvater, der ihm eine leere Rakiflasche vermacht hat. Binnur ist seine Verlobte, sie wollen in drei Tagen heiraten und in sechs Monaten wird sie fünfundzwanzig Jahre alt. Er will schreien vor Glück, aber er nimmt sich zusammen. Er muss so männlich und souverän wie nur möglich wirken. Etwas, das beim Juwelier gründlich misslungen ist. Fahrettin schluckt und nickt stumm.

„Sie können mich sicher verstehen, wenn ich als Anwalt Ihrer Verlobten vorschlage, einen Ehevertrag aufzusetzen. Ich möchte meine Mandantin schützen. Sie verlieren dabei natürlich nichts. Ich sehe ja, wie verliebt Sie sind, was soll da schon schiefgehen? Ich habe die Papiere schon vorbereitet, Sie können sie in Ruhe durchlesen oder gleich unterschreiben, das überlasse ich Ihnen. Ich kann Ihnen den Vertag kurz erläutern: Alles, was während der Ehe erwirtschaftet wird, wird durch zwei geteilt. Das ist nur gerecht. Ich bin der Meinung, wenn man heiratet, sollten Mann und Frau alles teilen, nur so kann eine Ehe bestehen. Sie pflichten mir da bestimmt bei, Herr Akyürek?"

Wieder nickt Fahrettin. Binnur findet, dass er wirklich wie ein Idiot aussieht.

„Haben Sie noch Fragen, Herr Akyürek?"

Fahrettin schaut Binnur an, die ihm liebevoll zulächelt.

„Wenn wir schon mal hier sind, können wir das auch gleich erledigen, Schatz. Was meinst du, Fahrettin?"

Fahrettin hätte alles unterschrieben. Er steht unter Schock, allerdings unter dem positivsten Schock seines Lebens. Eine Unterschrift hier, eine Unterschrift beim Standesamt, und er ist reich. Stinkreich! Er kann sein Glück kaum fassen. Der Anwalt zückt einen Kugelschreiber und Binnur und Fahrettin unterschreiben Dutzende Unterlagen. Nach zehn Minuten ist alles vorbei, sie verabschieden sich. Erst vor der Tür findet Fahrettin seine Sprache wieder.

„Warum hast du nie ein Wort gesagt?“

Binnur setzt ihr dümmstes, treuestes Gesicht auf und sagt:

„Ich wollte, dass du meine Seele liebst und nicht mein Vermögen.“

„Aber das tue ich doch! Weißt du was, wir gehen jetzt schön zusammen essen und besprechen alles.“

Fahrettin hat ein dümmliches Grinsen im Gesicht. Binnur weiß genau, dass er jetzt das Geld, das er weder hat, noch dass es ihm gehört, verplant. Aber sie hätte nie gedacht, dass Fahrettin wirklich so einfach gestrickt ist. Er hat nicht nur den Köder geschluckt, er hat den Fischer samt Boot verschlungen.

Fahrettin hat glänzende Laune und führt Binnur zum Chinesen aus. Er hasst chinesisches Essen und meckert ständig über Binnurs Vorliebe dafür, aber heute ist ein besonderer Tag. Sogar die Schuldscheine vom Juwelier kommen ihm jetzt wie Peanuts vor. Was sind schon ein paar lumpige Tausender gegen eine halbe Million? Eine unfassbare Summe!

Kaum sitzen sie im Restaurant, bestellt Fahrettin Binnurs Lieblingsessen und für sich selbst Frühlingsrolle, das Einzige, was ihm hier schmeckt.

„Wir kaufen uns von dem Geld ein Haus in Gaziantep, meine Süße. Mit einem riesigen Garten.“

Binnur verdreht verzückt die Augen und haucht:

„Das wäre wundervoll! Sag, wie sehr liebst du mich?“

Fahrettins Antwort auf diese Frage ist bis jetzt ein genervtes, gequältes *Mehr als du denkst* gewesen, aber heute hat sich vieles geändert. Der vermögenden Verlobten gibt man andere Antworten als einer armen Braut.

„Mehr als mein Leben, Binnur!"

Das ist schon verdammt dick aufgetragen, aber Fahrettin findet, Binnur hat eine so schöne Antwort verdient.

„Das dachte ich mir, mein Schatz. Und deswegen glaube ich auch, dass es dir nichts ausmacht, dass ich vor dir siebzehn Liebhaber hatte."

Fahrettin spuckt seine Cola quer über den Tisch.

„Was!? Was hattest du? Du hattest siebzehn Männer vor mir? Heißt das, du hast mich die ganze Zeit belogen? Du hast doch immer behauptet, ich wäre der zweite Mann in deinem Leben!"

„Aber das stimmt doch auch. Ich habe dich nie belogen, Fahrettin, wie kannst du nur so was glauben? Es waren nur Liebhaber, kurze, billige Affären."

Fahrettin starrt Binnur an, als sehe er einen Geist. Von der vermögenden Verlobten zur verlotterten Schlampe, so schnell kann es gehen, schießt es ihm durch den Kopf. Aber auch das ist jetzt egal, sie hat Geld, was kümmert ihn der Rest ... Aber natürlich will er endlich wieder mal den Macho raushängen lassen.

„Wenn du es ganz genau wissen willst, Fahrettin, es war einfach nur Sex, ein paar schnelle Nummern auf dem Rücksitz, ein paar One-Night-Stands, und von manchen wusste ich nicht mal den Namen. Ich habe sie schon alle vergessen, es könnte sogar der chinesische Kellner sein, der uns gerade bedient. Glaub mir, Ferhat, es hat mir nichts bedeutet!"

„Ich heiße Fahrettin!"

„Aber das weiß ich doch, ich habe nur solchen Hunger, du kennst mich doch, das verwirrt mich. Nun ja, ich gebe zu, dieser billige Sex und diese ganzen Affären sind wahrscheinlich schwer zu verdauen, aber wir werden das alles hinter uns lassen und am Samstag die schönste Hochzeit aller Zeiten feiern, nicht wahr, mein Schatz?"

Fahrettin lächelt gequält. Du mieser Schauspieler, denkt Binnur, wenn du dir wenigstens beim Lügen mehr Mühe geben würdest, nicht mal das kannst du. Sie erinnert sich, was ihr Vater zu ihr gesagt hat, nachdem er Fahrettin kennengelernt hatte.

„Welchen Beruf hat er denn, mein Kind?"

„Er ist Kfz-Mechaniker, Papa."

„Er hat manikürte Finger, schau sie dir mal an. Der arbeitet nicht mit den Händen!"

Papa hatte recht. Wie immer.

„Du hast recht, Binni. Wir werden sehr glücklich werden."

Henna-Abend

In Fahrettins Verwandtschaft hat sich herumgesprochen, dass Binnur bald ein Vermögen erben wird, und Familie Akyürek ist damit beschäftigt, eine wahre Prunkhochzeit vorzubereiten. Der Juwelier wird noch einmal aufgesucht und es wird Schmuck gekauft für den Henna-Abend. Binnur will kein traditionelles Gewand tragen, deshalb wird ein Abendkleid aus purer Seide für sie angefertigt. Auch das kostete die Familie Akyürek eine Menge Geld, aber keiner murrt, keiner meckert. Jeder ist bereit, so viel Geld wie nur möglich auszugeben, immerhin wird in Fahrettins goldene Zukunft investiert. Es ist ein großer Saal gemietet worden, der sich gegen Abend immer mehr füllt, bis fast fünfhundert Gäste den Weg zur Feier gefunden haben.

Bevor Binnur mir ihrer Familie zum Henna-Abend fährt, ruft sie ihre Freundin Leyla an. Leyla ist dreimal geschieden, blond und blauäugig. Binnur gibt Leyla letzte Anweisungen und bittet sie, auf keinen Fall zu spät zu kommen.

Fahrettin wartet vor dem Festsaal. Diesmal lügt er nicht, als er ihr sagt, sie sehe zauberhaft aus. Binnur hat ihre langen Haare zu einem Dutt hochgesteckt, sie trägt ein lachsfarbenes Seidenkleid ihm Meerjungfrauenstil und keinen Schmuck. Sie weiß, man wird sie reich beschenken.

Man amüsiert sich köstlich, es wird viel getanzt und alle sind in bester Laune, vor allem Familie Akyürek. Um Mitternacht werden alle Lichter gelöscht, ein junges Mädchen kommt mit einem silbernen Tablett herein. In der Mitte des Saales sitzt Binnur, ihr Gesicht ist mit einem roten Seidenschal verhüllt. Die Frauen klatschen und singen ein traditionelles Lied, das die Braut zum Weinen bringen soll. Aber das gelingt nicht, mit breitem Grinsen sitzt Binnur nur da und genießt ihren Auftritt. Den Henna-Abend besuchen traditionell überwiegend Frauen, aber heute haben sich viele Familien eingefunden, um diese besondere Braut zu feiern. Nicht alle Tage heiratet ein Akyürek eine reiche Erbin. Während Binnur den großen Auftritt genießt, raucht Fahrettin vor der Tür eine nach der anderen. Dann ist der große Moment da und Fahrettins Mutter bittet Binnur, ihre Hände zu öffnen, damit sie ihr Henna auf die Handflächen legen kann. Wie es sich für eine sittsame Braut gehört, tut Binnur das nicht. Sie wartet, bis die zukünftige Schwiegermutter den Goldschmuck zückt. Ein goldenes Armband, noch eins, dann eine Goldmünze und eine Kette wandern in Binnurs Schoß, erst dann öffnet sie beide Hände und die Schwiegermutter schmiert ihr Henna darauf und zieht ihr kleine Fäustlinge über. Binnur strahlt die Schwiegermutter an. Anfangs hat sie sie gemocht, aber Fahrettins Mutter war immer kühl und abweisend zu ihr.

„Danke, du Geizkragen!“

Ayfer Akyürek ist wie von Donner gerührt, aber sie gibt sich keine Blöße und überhört, was Binnur gesagt hat. Die lässt sie stehen und guckt sich um. Wo ist Leyla nur? Bestimmt irgendwo in der Menge. Binnur geht erst einmal Fahrettin suchen. Angetan mit ihren kleinen Fäustlingen, schlängelt sie sich wie ein Boxer durch die Menge, nimmt Gratulationen entgegen und lacht zufrieden. Da sieht sie auch schon Fahrettin, der ihr lächelnd entgegenkommt. Und sie bemerkt Leyla. Perfektes Timing, besser geht es nicht!

„Wo steckst du denn, Fahrettin, du hast das Beste verpasst! Guck doch mal, was deine Mutter mit mir gemacht hat.“

Sie hat dich liederliches Weib beschenkt, denkt er, sagt aber etwas ganz anderes.

„Sie hat dir all das gegeben, was du verdienst. Ich sollte dich mit Gold aufwiegen, Binnur.“

„Oh Fahrettin, sieh mal, wer da kommt, meine älteste

Freundin, du kennst sie noch nicht. Wir waren zusammen im Kindergarten, in der Vorschule und dann in der Schule, ach, wir waren eigentlich immer zusammen, bis sie mit sechzehn weggezogen ist. Heidi, das ist mein Verlobter Fahrettin."

Fahrettin zuckt zusammen. Heidi? Da war doch was ... die sexy Heidi? Aber solche Zufälle kann es eigentlich nicht geben. Außerdem hatte diese seltsame Frau nicht zurückgeschrieben an jenem Abend. Auf jeden Fall sieht diese Heidi sehr sexy aus und sie ist fast einssiebzig groß. Verdammt, denkt Fahrettin, verdammt!

Heidi alias Leyla hat einen sehr festen Händedruck. Die Frauen plaudern angeregt, und Fahrettin steht dumm daneben, bis das Gespräch auf romantische Themen kommt. Heidi will unbedingt wissen, wie Binnur Fahrettin kennengelernt hat, aber Binnur ziert sich und will nicht mit der Sprache rausrücken. Fahrettin will gerade einspringen, als Binnur Heidi nach ihrem geheimnisvollen Verehrer fragt.

„Es ist echt komisch gewesen, ich wollte eigentlich an meine Freundin Meryem schreiben und habe wohl eine falsche Nummer eingetippt. Jedenfalls schrieb mir ein Mann zurück. Ich habe die Nummer von dem Typen noch, vielleicht rufe ich ihn mal an?"

Fahrettin stockt der Atem, alles dreht sich.

„Weißt du was, Heidi, ruf ihn doch jetzt an, die Nacht ist jung. Lad ihn einfach ein, dann feiern wir die ganze Nacht durch, nicht wahr, Ferhat?"

„Ich heiße Fahrettin!"

„Ah, wie komme ich bloß auf Ferhat? Ach ja, diese unsägliche Affäre, ich hatte sie schon fast vergessen. Warum musst du mich auch immer daran erinnern, Fahrettin! Sei ein Gentleman."

Fahrettin hätte Binnur am liebsten eine gescheuert, aber die sechs Monate nach der Hochzeit muss er absitzen. Schaffe ich locker, denkt er sich.

„Ich bin kein Gentleman, ich bin ein Macho. So, jetzt ziehe ich los und besorge mir ein Bier. Wollt ihr auch was?"

Die Hochzeit

Fahrettin steht vor Binnurs Haustür, in ein paar Minuten wird er seine Braut sehen. Er ist aufgeregt, nicht weil er sie wirklich liebt, sondern weil die Aussicht, bald reich zu sein, ihn wahnsinnig macht. Er kann an nichts anderes mehr denken. Sogar seine Arbeit hat er gekündigt. Binnur ahnt davon nichts, aber was sollte sie dagegen tun? In einer Stunde waren sie verheiratet, sie musste alles hinnehmen, alles ertragen und zu allem schweigen wie eine gute Ehefrau. Der Tradition entsprechend, drückt Fahrettin jedem, der seinen Weg kreuzt, fünfzig Euro in die Hand. Vor Binnurs Zimmer sitzen drei Mädchen und lassen ihn erst hinein, nachdem er ihnen zweihundert Euro gegeben hat. Teure Frau, denkt er sich, aber ich bekomme jeden Cent zurück mit Zinseszins!

Als Fahrettin Binnur im Brautkleid sieht, stockt ihm der Atem. Sie sieht wirklich wunderschön aus, wie ein Engel. Die Familie steigt in die Autos und man fährt mit lautem Hupkonzert zum Konsulat zur Trauung. Jetzt endlich beginnt die Braut zu lächeln.

Binnur und Fahrettin sitzen im Trauzimmer des türkischen Konsulats. Gleich wird die Zeremonie beginnen. Alle flüstern, nur das Brautpaar ist seltsam ruhig. Der Generalkonsul betritt das Zimmer und setzt sich auf seinen Stuhl. Erwartungsvoll schauen ihn Binnur und Fahrettin an.

„Es tut mir sehr leid, aber uns ist ein Fehler unterlaufen. Ich kann die Trauung nicht vollziehen."

Fahrettin springt vom Stuhl. Sie haben vor drei Monaten die Papiere eingereicht und dann einen Termin für die Trauung bekommen. Man hat ihnen schriftlich und mündlich versichert, dass alle Papiere in Ordnung sind und einer Trauung nichts im Wege steht.

„Das glaube ich nicht! Wir haben alle Papiere eingereicht und alles war in Ordnung! Was ist passiert?"

„Es tut mir unendlich leid, aber wir haben einen Fehler gemacht. Einer unserer Mitarbeiter hat die Papiere nicht durchgesehen ... Leider muss ich Ihnen, Herr Akyürek, sagen, dass Sie laut der Papiere, die uns vorliegen, als Frau eingetragen sind. Ich muss Sie darauf aufmerksam machen, dass Sie so weder heiraten noch erben dürfen. Sie müssen so schnell wie möglich vor ein türkisches Gericht und beweisen, dass Sie ein Mann sind."

Fahrettin sinkt auf seinen Stuhl zurück. Binnur lächelt. Wie hilfreich es doch sein kann, eine Freundin zu haben, die im türkischen Konsulat arbeitet.

Sie sieht kurz den Beamten an, dann drehte sie sich mit großem Geschrei zu Fahrettin und rüttelte unsanft an ihm. Die Familien versammeln sich um das Paar, jeder plappert drauflos. Nur Binnurs Mutter bleibt ruhig, sie verzieht keine Miene, aber in Wirklichkeit platzt sie fast vor Stolz. Ihre kleine Binnur, ihre schüchterne Tochter, eine türkische Jean d'Arc auf einem Feldzug gegen die Untreue der Männer. Sevim lächelte still in sich hinein und denkt an den Tag, an dem sie die Untreue ihres Mannes entdeckt hat. Ihre Mutter hatte kein Verständnis für sie, ganz im Gegenteil. Hart urteilte sie:

„Du hast dir deinen Mann selber ausgesucht, also lebe mit deiner Entscheidung! Wir wollten, dass du Mahmut heiratest. Mahmut hätte dich niemals betrogen! Wenn du dich jetzt von deinem Mann trennst, kannst du nicht auf uns zählen, merk dir das!"

Und Sevim blieb bei ihrem Mann, nicht aus Liebe zu ihm, sondern aus Liebe zu ihren Kindern. Manchmal hat sie es bereut, aber nicht heute.

Fahrettins Mutter massiert den Kopf ihres Sohnes mit Kölnisch Wasser, er öffnet die Augen für ein paar Sekunden, verdreht und schließt sie wieder.

Nachdem das allgemeine Chaos sich gelegt hat, berät man sich kurz. Beide Familien sind der Meinung, dass es keinen Grund gibt, die Feier zu verschieben. Man würde die Trauung nachholen, wenn der juristische Teil erledigt war. Fahrettin erhebt sich benommen und lässt sich hinausführen.

Die Hochzeitsgesellschaft steigt wieder in die Autos und man fährt zum Festsaal. Immerhin warten dort um die sechshundert Gäste, und wie soll man all diesen Menschen erklären, dass die Trauung nicht stattgefunden hat?

Am besten einfach feiern und die Trauung wird später drangehängt.

In Fahrettins Familie sieht man lange Gesichter und auch Binnurs Familie wirkt bedrückt, aber niemand darf etwas merken. Wie auf jeder türkischen Hochzeit ist es extrem laut, es wird ekstatisch getanzt und gegen Mitternacht die Braut fürstlich beschenkt. Wenn sechshundert Türken eine Braut beschenken, dann füllen sich ganze Kübel mit Gold. Und bei jedem einzelnen Stück wird Binnurs Lächeln breiter.

Auch Fahrettin lächelt anfangs, bis er Heidi unter den Gästen entdeckt. Lieber Gott, bitte hilf mir, betet er im Stillen, ich kann heute nicht mehr ertragen. Aber er wird nicht erhört.

Nach dem Goldregen geht der Bräutigam auf die Toilette, er ist gerade dabei, sich die Hände zu waschen, da schrillt sein Handy. Er zuckt zusammen, weil sein Handy immer auf lautlos gestellt ist seit der Heidi-Geschichte, und jetzt brüllt es, als wäre er taub. Er starrt auf das Display. Heidi. Fahrettin drückt das Gespräch sofort weg, aber als er die Tür öffnet, um in den Saal zurückzukehren, verflucht er den Tag, an dem er geboren wurde: Vor ihm stehen Binnur und Heidi und schauen ihn eiskalt an. Alle im Saal schauen ihn an, die Musik spielt nicht mehr. Fahrettin bricht der kalte Schweiß aus.

„Binnur, es ist nicht so, wie du denkst! Ich habe nichts mit Heidi gehabt, es war nur eine dumme SMS! Bitte glaub mir!"

Binnur sagt kein Wort, sie dreht sich um und geht weg.

Der Saal leert sich rasend schnell, bis nur noch Fahrettins Familie übrig ist, und die hat noch eine Rechnung mit ihm zu begleichen.

Zwei Wochen später
Fahrettin fährt in die Türkei und versucht, das Gericht zu überzeugen, dass er ein Mann ist. Es gelingt ihm, allerdings findet seine Familie bis heute, dass das Gericht irrt und Fahrettin ein Waschlappen ist.

Binnur fliegt mit ihrer Schwester und ihrer Mutter in die Flitterwochen nach Belek. Ihr größtes Problem im Moment ist Sonnenbrand. Sie überlegt, ihr vieles Gold zu versetzten und sich ein Haus in Istanbul zu kaufen. Ihren Job beim Frisör hat Binnur gekündigt, sie schreibt jetzt Kurzgeschichten. Die erste heißt: *Rache auf Türkisch*.

Seitensprung heißt auf Türkisch übrigens *kacamak*.

Kochen auf Türkisch

Heute ist ein besonderer Tag. Akif hat ein Rendezvous mit Natascha. Noch eine Stunde, dann holt er sie zu Hause ab und kocht ihr ein Drei-Gänge-Menü. Akif hat bis jetzt noch nie gekocht, er hat noch nicht einmal einen Herd eingeschaltet, aber das macht nichts. Er wird kochen, Punkt. Es geht schließlich um die Frau seines Lebens, die Mutter seiner zukünftigen Kinder. Natascha ist eine Traumfrau, etwas zu dünn für seinen Geschmack, aber was sagt Mama immer: Frauen werden eh dicker nach dem ersten Kind. Und wenn Natascha und Akif erst mal vier Kinder haben, dann ist sie gut gepolstert und obenrum ist auch mehr. Akif findet, er ist ein Glückspilz.

Wir wollen ihn noch ein paar Stunden in diesem Glauben lassen.

Akif checkt die Küche, alle Töpfe und Pfannen stehen bereit. Das Gemüse liegt auf dem Tresen, alles schön in Reichweite, wie es einem immer in Kochshows geraten wird. Danach checkt Akif sich selber, einmal kurz unter den Achseln schnuppern (Adidas wirkt immer), einmal kurz über das Kinn streichen. Verdammt, er hat sich doch erst heute Morgen rasiert; dieser Bart wächst, kaum dass man rasiert ist. Akif rasiert sich noch mal. Während er sein Gesicht einschäumt, übt er ein paar coole Sprüche, die Natascha beeindrucken sollen.

„Guck mal, Natascha, ich hab Fenchel gekauft, wirkt gut bei Verdauungsbeschwerden!“

Ups, streich das, sagt er sich.

„Sieht die Honigmelone nicht prall und saftig aus? Erinnert mich an ..."

Mensch, Akif, gib dir mehr Mühe!

„Natascha, magst du Brokkoli? Ich liebe Brokkoli, grün wie die Hoffnung, wie das Leben, das Leben mit dir ..."

Ja, jetzt flutscht es, ich hab's, ich hab mich warm geredet, jetzt nur noch ordentlich eincremen, damit meine Haut nicht brennt wie Feuer, und dann Natascha abholen.

Akif fährt los. Natascha steht schon schlecht gelaunt vor ihrer Haustür. Sie kaut Kaugummi und nicht mal der Anblick von Akifs frisch gewaschenem BMW bringt sie zum Strahlen.

Akif springt aus dem Auto und will Natascha die Tür öffnen.

„Hi Akif, du, lass das bitte, okay? Ich mag das nicht. Da fühle ich mich wie eine Höhlenfrau. Eine Autotür zu öffnen ist echt nicht schwer, das kriege ich schon hin."

Akif zuckt leicht zusammen. Keine Umarmung, keine überschwänglichen Küsse. Na ja, denkt er sich, Natascha ist eben ein kluges Mädchen, nicht so wie seine Ex-Verlobte, seine Cousine dritten Grades. Die hat nie gemeckert. Allerdings hat sie auch aus lauter Schüchternheit kaum geredet. Natascha war ein ganz anderes Kaliber. Ein höheres Kaliber auf alle Fälle.

„Tut mir leid, Natascha, du hast ja recht. Aber da kommt der Kavalier in mir zum Vorschein, ich kann nicht anders. Hast du übrigens Hunger, ich habe eingekauft, lauter leckere Sachen. Heute koche ich für dich."

Natascha blickt ihn aus den Augenwinkeln an und sagt: „Schön."

„Ja."

Mehr fällt Akif nicht ein. Die Fahrt ist kurz, in der Wohnung will Akif Natascha den Mantel abnehmen. Sie schaut ihn wieder schief an.

„Akif, du übertreibst wirklich. Zeig mir einfach, wo ich meinen Mantel aufhängen kann. Frauen können das alleine, und glaub mir, wir sind gut darin."

Akif lächelt und findet das Ganze einfach drollig. Diese Frau ist ein Einzelkämpfer, aber er wird ihr schon beibringen, dass sie einen starken Mann an ihrer Seite braucht. Dringender, als sie denkt.

„Schon klar, Natascha, aber das Kochen übernehme ich heute. Es gibt Brokkoli-Kartoffel-Auflauf mit selbst gemachter Bechamelsauce und Mandelsplittern, Tofu-Steak mit Fenchelgemüse über Weißweinschaum und Zanderfilet mit Süßkartoffelpüree und Sauce hollandaise. Und zum Nachtisch gibt es Asure, das ist eine türkische Nachspeise. Sie zu kochen ist eine Meisterleistung, da braucht es Jahre, bis man das beherrscht."

Jetzt schaut Natascha ihn mit großen Augen an.

„Aha. Aber ich bin kein großer Esser, am liebsten esse ich vegan oder makrobiotisch."

Akif überlegt fieberhaft, was makrodingsbums sein könnte, aber er will den Hauch romantischer Stimmung, die ganz langsam aufkommt, nicht gleich wieder vertreiben. Also sagt er sich, ran ans Eingemachte, zum Tatort, sprich: in die Küche.

„Gehen wir in die Küche, Natascha? Ich koche und du erzählst mir etwas von dir."

Natascha folgt ihm brav und schaut sogar etwas freundlicher drein.

„Na ja, was soll ich dir schon erzählen? Wir sind im selben Semester seit letztem Sommer. Da fällt mir ein, hast du schon die Hausarbeit geschrieben? Ich bin leider nicht dazu gekommen. Vielleicht kann ich einen kurzen Blick drauf werfen?"

Akif geht zu seinem Schreibtisch und gibt Natascha zwei Hefter. Sofort strahlt sie ihn an. Na endlich, denkt Akif, endlich wird Natascha zur Frau und klimpert mich, ihren Retter, mit ihren mascaraverklebten Wimpern an. Und plötzlich steigt auch die Raumtemperatur, oder warum wird es Akif so seltsam warm?

Natascha setzt sich auf den Tresen, während Akif das Gemüse putzt.

„Du, Akif, ich wollte dich was fragen. Etwas Persönliches."

Die harte Nuss war im Nussknacker, Akif hört schon, wie die Schale kracht. Ein opulentes Essen und Natascha ist im Liebeswahn, da ist er sich ganz sicher.

„Nur zu, Natascha. Du kannst mich alles fragen."

„Stimmt es, dass türkische Männer stürmische Liebhaber sind?"

Aua! Akif schneidet den Brokkoli, das Messer rutscht ab und schwupps, steckt es in seinem Finger. Was hat sie da gefragt?? Kann sie mit solchen Fragen nicht warten, bis er den Sekt geöffnet hat? Jetzt steht er blöd mit blutigem

Finger da und verkneift sich sein Gejammer. Zum Glück hat er in der Küche immer Pflaster in Reichweite. (Super Tipp von Mama, jetzt weiß er, warum.)

„Mensch Akif, du bist ja schon beim Kochen stürmisch. Warte, ich helfe dir."

Akif wird von Natascha liebevoll verarztet.

„Äh, also Natascha, was soll ich sagen ... Ich kann natürlich nur von mir reden, und ich bin Sternzeichen Löwe. Muss ich mehr sagen?"

Natascha grinst ihn errötend an. Sie muss nichts sagen, Akif wähnt sich schon im Liebeshimmel. Er schnappt sich das Messer und schnippelt tapfer weiter. Er mariniert den Tofu so, wie er es im Internet gelesen hat. Er hat noch nie gekocht in seinem Leben und jetzt steht er hier und macht aus lauter Liebe den Fernsehkoch. Wenn das sein Vater sehen würde! Er würde ihn durchschütteln. Akifs Vater war Türke durch und durch. Männer kochen nicht, nie und nimmer, sagte er immer. Männer haben immer, immer eine Frau, die ihnen diese Arbeiten abnimmt. Als Akifs Vater starb, hatte er in seinem Leben nicht einmal einen Teller in die Küche getragen, geschweige denn für eine Frau gekocht. Akif schaute gen Himmel. Sorry Papa, denkt er, es ist alles für die Liebe!

„Du, Akif, sind das Bio-Eier? Ich bin da sehr empfindlich."

Akif überlegt angestrengt. Eier sind doch Eier oder?

„Ich denke schon, Natascha."

„Du, Akif, das ist mir eigentlich zu wenig an Information."

Akif versucht, gelassen zu bleiben, er atmet tief durch, denkt an duftenden Vanillepudding, an Meer und Strand und an Mamas Börek. Nur jetzt nicht aufregen! Informationen, pah! Was will sie denn wissen vom Ei? Nur ruhig Blut, Akif. Alles für die Liebe.

„Ich bin ganz sicher, dass es ein Bio-Ei ist."

„Also von freilaufenden Hühnern?"

Natascha, echt jetzt! Freilaufend, was für ein Spruch. Natürlich lief das Huhn frei herum, oder gibt es auch geschobene Hühner? Getragene?

„Ja, Natascha, von freilaufenden Hühnern."

Freilaufend, auf einer Hühnerfarm so groß wie ein Fußballfeld.

Akif schnippelt weiter Brokkoli, bis er winzig klein vor ihm liegt.

„Mir ist so was echt wichtig, Akif. Die Welt wäre viel schöner, wenn wir alle Tiere respektieren und schützen würden. Aber im Grunde rege ich mich ganz umsonst auf. Ich lebe nämlich vegan und esse gar keine Eier."

„Du tust was nicht?"

„Eier essen. Ich esse nichts, was Augen hat oder von einem Tier stammt."

All diese Mühe, und jetzt fällt ihr ein, dass sie keine Eier isst? Akif ist sauer und enttäuscht und fühlt sich wie ein Idiot.

„Aber warum hast du das nicht vorher gesagt, Natascha?"

„Akif! Ich hab doch gesagt, dass ich vegan lebe. Das ist der neueste Trend. Alle meine Freunde leben vegan."

... und alle meine Freunde leben von Döner.

Akif denkt an seine Sauce, die keine mehr wird, denn eine Sauce hollandaise geht nur mit Eiern, so sagt es das Internet. Wenn er den Fisch paniert – wieder Eier. Freilaufend, Marathon oder was auch immer. Dieses Dinner ist gelaufen und seine gute Stimmung dahin. Er hat Natascha mit seiner Kochkunst verführen wollen, aber nun sieht er seine Felle davonschwimmen. Oder seine Eier. Ein Themenwechsel muss her.

„Um noch mal auf deine Frage zurückzukommen: Weißt du, wenn ein türkischer Mann liebt, dann mit Haut und Haaren. Er würde für die Frau, die er liebt, töten und sterben."

Natascha reißt die Augen auf. Sie atmet schwer und fasst sich an die Brust.

„Echt jetzt, Akif? Ist das wirklich dein Ernst?"

„Todernst, Natascha."

„Du würdest ihr die Welt zu Füßen legen? Sie lieben und ehren, bis du stirbst?"

„Ja. Türkische Männer sind viel romantischer, als du denkst. Sie tun immer hart und machomäßig, aber innen sind sie butterweich."

„Wow!"

Natascha glüht, ihre Lippen beben.

„Ich würde meiner Freundin jeden Tag Rosen schenken, ich würde für sie kochen und ihr die Füße massieren. Ich habe meine Ex-Freundin auf Händen getragen. Ich bin nur für sie jeden Morgen um fünf aufgestanden, habe sie zur Arbeit gefahren und bin dann zur Uni. Ich war ständig müde, aber das war es wert. Sie sollte nicht in der Kälte auf den Bus warten."

„Du bist ja ein Traumprinz, Akif!"

„Das hat meine Ex-Freundin auch gesagt. Und meine Ex-Verlobte."

Und noch mindestens fünfzehn andere Frauen, aber das ist eine andere Geschichte.

„Du warst verlobt, Akif? Das wusste ich gar nicht."

„Ja, mit meiner Cousine dritten Grades. War nur eine Sommerliebe, kurz und heftig. Aber ich war so verliebt, ich musste ihr einfach einen Heiratsantrag machen."

„Oh Akif, das ist so romantisch. Das lässt mich wirklich an die Liebe glauben, an die unendliche, ewige Liebe."

So, Akif, Angriff. Die Frucht ist reif – pflücken und genießen.

„Ich dachte, ich hätte die ewige Liebe schon getroffen, aber ich hatte mich geirrt. Bis jetzt. Ich weiß jetzt, wer meine Traumfrau ist."

„Das ist ja wunderbar."

Noch bevor er antworten kann, greift Natascha nach seinen Händen und hält sie fest.

„Dann ist es also wirklich wahr? Es ist nicht gelogen? Türkische Männer sind treu und romantisch und sie glauben an die ewige Liebe?"

„Ja, ich glaube an die ewige Liebe. Wir werden sehr glücklich sein."

Natascha beginnt zu schluchzen.

„Dann hat Osman nicht gelogen, ich kann ihm trauen?"

Osman? Welcher Osman?

„Moment mal, wer ist Osman?“

„Du weißt nicht, wer Osman ist? Der ist doch in unserem Semester. Wir kennen uns seit einigen Monaten und sind uns in letzter Zeit sehr nahe gekommen.“

„Du hast einen Freund? Du hast einen festen Freund? Was tust du dann hier?“

„Na, ich wollte Infos über türkische Männer aus erster Hand. Aber fester Freund ist zu viel gesagt, es ist alles noch ganz frisch. Er hat bis jetzt noch nicht mal versucht, mich zu küssen. Süß von ihm, nicht? Er ist so zurückhaltend, fast schüchtern. Ich glaube, ich bin total verliebt in Osman.“

Osman! Na super, ich zapfe das Internet an, um was über Tofu zu erfahren, und Natascha zapft mich an, um fit für ihren Freund zu sein. Was für eine Blamage! Osman! Ja, jetzt dämmerte es ihm, wen Natascha meint. Achtung, Natascha, türkische Männer sind romantisch, wenn sie lieben, und ein klein wenig rachsüchtig, wenn man sie enttäuscht.

„Dann wünsche ich dir alles Glück der Welt mit Osman. Er ist wirklich ein Traumprinz. Der Traum aller Frauen.“

Natascha fällt Akif um den Hals und drückt ihm links und rechts ein Küsschen auf die Wange.

„Du hast mir Mut gemacht, Akif. Ich wollte mich nie binden, aber jetzt weiß ich ganz sicher, dass ich Osman liebe und ihn heiraten möchte. Was meinst du, soll ich ihn fragen? Soll ich ihm am Valentinstag einen Heiratsantrag machen?“

„Mach das Natascha, türkische Männer lieben das!“

Türkische Männer hassen das, aber da muss Natascha jetzt durch.

Akifs Küche ist voll Gemüse und diesem komischen Tofuzeug, das er nicht mag und das er irgendwann runterwürgen muss. Da muss er durch.

Natascha verabschiedet sich, sie fliegt förmlich davon. Sie will sofort Osman überraschen und ihm ihre Liebe gestehen.

Akif öffnet den Sekt. Er genießt jeden Schluck und denkt an Nataschas Gesichtsausdruck, wenn Osman ihr gesteht, dass er gern Musicals besucht und gerne Fünf-Gänge-Menüs kocht. Dass er Fußball hasst und Yoga liebt. Und Hursit aus dem zweiten Semester.

Kochen heißt auf Türkisch *yemek yapmak*.

Muttertag auf Türkisch

Es ist Sonntag. Das Ehepaar Cinar frühstückt. Die Stimmung ist gut, bis Aysel erwähnt, dass heute Muttertag ist.

„Oh Gott, nicht schon wieder!“

Aysels Mundwinkel rutschen talwärts.

„Was soll das, Cem? Muttertag ist doch nur einmal im Jahr, und du weißt, wie Pervin reagiert, wenn wir sie nicht besuchen.“

Aysel nennt ihre Schwiegermutter nie Mutter, sie nennt sie nicht mal Schwiegermutter, sie nennt sie immer bei ihrem Vornamen. Pervin mochte sie von der ersten Sekunde nicht und lässt Aysel das immer spüren. Aysel rächt sich ihrerseits, indem sie die Mutter ihres Mannes respektlos mit ihrem Vornamen anspricht, die schlimmste Beleidigung schlechthin.

„Mir egal. Ein Anruf genügt.“

Aysel schnaubt vor Wut. Sie weiß genau, dass Pervin toben wird, und sie wird ihre Wut an ihrem Mann, ihren Enkelkindern und sogar an den Nachbarn auslassen. Deswegen gibt es seit Jahren ein stillschweigendes Abkommen zwischen Schwiegertochter und Schwiegermutter: Wir hassen uns bis auf Blut, aber am Muttertag haben wir uns lieb. Wenigstens bis Cem und Aysel aus der Tür sind, dann beginnt der Krach in der Familie von vorn.

„Cem, sei vernünftig, du kennst doch deine Mutter. Wir halten uns von ihr fern, aber eben nur bis zum Muttertag. Dann täuschen wir beide Amnesie vor und tun so, als hätten wir all ihre Gemeinheiten vergessen, bringen ihr Blumen und Pralinen und alles ist gut. Bis zum nächsten Mal."

Cem schlürft seinen lauwarmen Tee, er verzieht angewidert sein Gesicht. Er hasst diesen Kleinkrieg zwischen seiner Frau und seiner Mutter. Er mischt sich nie ein, er überlässt das Feld lieber den Frauen. Seit zehn Jahren schlagen sie routiniert ihre Schlachten und machen das, wie Cem findet, gar nicht übel.

„Es gibt kein nächstes Mal, ich habe es satt. Ich rufe an, und damit hat es sich!"

Cem kann nicht fassen, warum seine Frau so darauf besteht, seine Mutter zu besuchen. Die beiden hassen sich. Selbst Aysels Einwand, es wäre nur einmal im Jahr, überzeugt ihn nicht. Sogar das ist Cem zu oft. Muttertag sollte immer auf den 29. Februar des Schaltjahres fallen, findet er. Cem will Fußball gucken, Bier trinken und einfach abhängen.

„Wenn du dich nur hören könntest! Wie ein kleines Baby klingst du! Du kannst von Glück sagen, dass ich nicht darauf bestehe, meine Mutter zu besuchen, dann würdest du dumm aus der Wäsche gucken!"

„Haha, deine Mutter lebt in Gaziantep, und solange wir keinen Privatjet haben, wirst du das heute wohl kaum schaffen. Außerdem ist deine Mutter viel netter, sie macht die beste Baklava, mit frischem Teig und Walnüssen. Und erst der Sirup! Mir läuft das Wasser im Munde zusammen, wenn ich an das letzte Mal denke."

Aysel schüttelte den Kopf.

„Du bist unhöflich und verfressen. Du weigerst dich,

deine Mutter zu besuchen, aber hättest nichts gegen einen Besuch bei meiner Mutter, das wären mit dem Flugzeug sechs und im Auto achtunddreißig Stunden!"

„Okay, ich habe eine Idee. Wir besuchen dieses Jahr meine Mutter nicht, aber nächstes Jahr deine, wie findest du das?"

„Ganz schön viele Umstände, nur um Baklava zu essen."

„Aber da siehst du mal, was für ein guter Schwiegersohn ich bin."

„Das ist mir egal! Heute geht es um deine Mutter, und sie macht uns die Hölle heiß, wenn wir sie nicht besuchen."

„Aber Nuray und Koray besuchen sie auch nicht. Und außerdem habe ich Kopfschmerzen."

Aysel schüttelt erstaunt den Kopf.

„Seltsam, heute Nacht hattest du keine Kopfschmerzen, ganz im Gegenteil! Du warst topfit."

Cem schaute Aysel wütend an.

„Das ist doch ganz was anderes! Ich will meine Mutter einfach nicht besuchen. Ich rufe sie an."

„Du rufst sie also an, aha. Weißt du eigentlich, wie bescheuert das ist? Das kannst du doch nicht machen, Cem, das verzeiht sie uns niemals!"

„Umso besser, dann bleibt sie weg, weil sie sauer ist. Außerdem siehst du doch, dass es regnet!"

Aysel stampft wütend mit dem Fuß auf.

„Mein Gott, ich habe ein Weichei geheiratet, einen Waschlappen!"

„Hüte deine Zunge, Frau, ich bin ein Türke, ich habe meinen Stolz, und heute siege ich, ich unterwerfe mich weder der Gesellschaft noch meiner Mutter, ich entscheide, und damit hat es sich. Wir besuchen meine Mutter nicht!“

„Und was, wenn sie zu uns kommt? Hast du daran schon mal gedacht? Was meinst du, warum ich diese alte Krähe besuche am Muttertag? Weil ich dann aufstehen und nach Hause gehen kann, wann ich will. Aber wenn sie zu uns kommt, kann ich ihr ja schlecht sagen, sie soll jetzt doch bitte nach Hause gehen, weil ich ihre Visage nicht mehr sehen kann. Ganz zu schweigen von ihrem Geschnatter.“

Cem ist still, langsam dämmert ihm, was Aysel meint. Mist, denkt er, meine Frau hat recht!

Aber da ist es schon zu spät: Es klingelt an der Tür. Aysel schaut Cem grimmig an.

„Wehe, das ist deine Mutter, dann kannst du was erleben! Wenn jetzt deine Mutter vor der Tür steht, dann wirst du all deine Versprechen einlösen müssen. Alle, der Reihe nach!“

Cem wird schwindelig. Es sind Dutzende Versprechen: einen Tangokurs machen, Goldschmuck, eine Villa am Strand von Antalya, mit dem Rauchen aufhören ...

Es sieht nicht gut aus für Cem, denn vor der Tür steht Pervin Cinar, leibhaftig und aus Fleisch und Blut. Das Blut kocht und ist ihr zu Kopfe gestiegen und das Fleisch bebt.

„Hallo Pervin, was für eine Überraschung!“

Pervin sieht wie immer grimmig aus, sie lächelt nie. Aysel nennt sie die türkische Victoria Beckham, plus fünfzig Kilo extra.

„Lass das Geschwafel, Aysel, ich weiß genau, was du denkst. Ich habe gewartet und gewartet, dass mein Sohn sich bequemt und mich zum Muttertag besucht. Und was ist passiert? Nichts! Ich habe die ganze Nacht Teig ausgerollt, um Baklava zu machen, und was ist passiert? Nichts! Keine Besuche, keine Anrufe. Deshalb komme ich zu euch. Wenn der Berg nicht zum Propheten kommt ..."

Cem steht da wie vom Donner gerührt. Das hat seine Mutter noch nie gemacht, unangekündigte Besuche gehörten bis heute nicht zu Pervins Repertoire.

„Aber Mama, wir wollten gerade losgehen, aber Aysel braucht so lange beim Anziehen, du kennst sie doch."

Cem und Pervin schauen zu Aysel, die im Flanellschlafanzug im Wohnzimmer steht.

„Ganz genau, Pervin, ich war beim Anziehen, und Cem wollte gerade anfangen, Baklava zu machen. Und Huhn auf Tscherkesser Art. Wie geht's dir überhaupt, Pervin? Was macht dein Blutdruck?"

„Wie soll es mir gehen, ich bin die Mutter der undankbarsten Kinder der Welt, und wie ich sehe, sind nicht mal die Enkel da, wo stecken diese Quälgeister schon wieder?"

Cem schaut Aysel neugierig an.

„Sie übernachten bei ihren Freunden", sagt Aysel verlegen und beißt sich auf die Zunge.

„Aha, ich verstehe! Ich hoffe, es hat sich gelohnt."

Cem grinst betreten, doch seine Mutter redet einfach weiter.

„Hab ich euch eigentlich erzählt, dass ich mir eine Wohnung in Istanbul gekauft habe? Fern von allen Verwandten und mit Blick aufs Meer."

Cem fallen fast die Augen aus dem Kopf.

„Ich wusste gar nicht, dass du so viel Geld hast, Mama."

„Woher sollst du das auch wissen, Cem, du rufst ja nie an, besuchen tust du mich auch nicht. Und übrigens für dich ab heute bitte Pervin. Deine Frau nennt mich Pervin, also kannst du das auch. So oft sehen wie uns ja nicht, wir sollten nicht zu viel Nähe vortäuschen."

Cem ist verletzt und gekränkt.

„Aber Mutter, das tut mir wirklich weh! Wieso sagst du so was?"

Pervin hat eine kleine Schachtel mitgebracht, sie öffnet sie und beißt in die siruptriefende Baklava.

„Wieso bist du gekränkt, weil du nicht weißt, wie viel Geld ich habe oder nicht habe? Wie oft hast du mich denn gefragt, ob ich Geld brauche? Selbst an meinem Geburtstag hast du mich vergessen."

„Aber Mutter, ich habe dich doch angerufen!"

„Natürlich hast du angerufen, und ich habe die Zeit gestoppt, der Anruf dauerte genau zwei Minuten und vierundvierzig Sekunden."

„Aber Mutter, ich hatte einen Kunden im Auto!"

„Das hast du doch immer, du Trottel, du bist Taxifahrer! Such dir bitte endlich mal neue Ausreden, okay? Du hast keine Fantasie, Cem. Du rufst mich während deiner Arbeitszeit an und sagst, du hast einen Kunden. Gott sei Dank bist du kein Pilot oder Arzt. Dann hättest du mich wahrscheinlich während einer Herzoperation angerufen."

Cem ist stumm, was soll er auch sagen? Ein klein wenig hat sie recht, denkt er. Aysel hat sich umgezogen und klappert in der Küche. Sie kommt mit einem Tablett zurück und

Cem schaut sie dankbar an. Tee wird die Situation mildern, da ist er sich sicher.

„Pervin, beruhig dich doch. Männer sind eben so, du kennst doch meinen Bruder? Ein absoluter Nichtsnutz, die Schande unserer Familie. Er lässt sich gerade zum zweiten Mal scheiden."

Dem Himmel sei Dank, denkt Cem, er hat die schlauste Frau der Welt geheiratet, geschickt lenkt sie das Thema auf ihre Familie, und da gibt es reichlich explosiven Gesprächsstoff.

„Meinst du Ercan?", fragt er. „Ich mochte ihn von Anfang an nicht. Aber seine Frau Selda ist schlimmer. Hat die überhaupt Kleider, aus denen nicht ihre Brüste raushängen?"

Pervin schaut Cem böse an.

„Du solltest nicht so schlecht hinterm Rücken anderer Leute reden, erst recht, wenn es um deinen Schwager geht. Und außerdem geht es um Ercan und seine Frau trägt Kopftuch!"

„Eben! Und außerdem, warum guckst du so genau hin? Was interessieren dich Seldas Brüste?", zischt Aysel und setzt den vernichtenden Blick auf, den Cem gar nicht mag. Aber Aysel ist noch nicht fertig.

„Ercan hat uns letztes Jahr Geld geliehen, erinnerst du dich, Cem? Du solltest dich bei diesen Themen wirklich raushalten."

„Da stimme ich deiner Frau ganz und gar zu. Du weißt mit vielen Dingen nicht Bescheid, also halt dich besser zurück, Cem."

Cem versteht die Welt nicht mehr. Da sitzen Schwiegermutter und Schwiegertochter auf der Couch, schlürfen schwarzen Tee und tun so, als wären sie Busenfreundinnen.

Er muss zugeben, dass ihr Kleinkrieg ihm besser gefällt. Dass beide sich nun auf ihn einschießen, passt ihm gar nicht.

„Ich hab's kapiert. Krieg ich jetzt meinen Tee und Baklava?"

Cem sabbert fast beim Anblick der Baklava. Seine Mutter kann keinen ordentlichen Pudding kochen, ihre Lahmacun sind regelrechte Diskusscheiben und ihre Kekse kann man als Türstopper auf das Parkett nageln, aber ihre Baklava ist nicht von dieser Welt.

Pervin schaut Aysel fragend an.

„Was meinst du, Aysel, hat Cem die Baklava verdient?"

Aysel nimmt eine Baklava aus der Schachtel und kaut laut schmatzend.

„Nö, finde ich nicht, Pervin."

Cem platzt fast vor Wut, aber es hat überhaupt keinen Sinn, jetzt zu tönen, er wäre der Mann im Haus. Heute ist er nur ein Sohn, leider der ungeliebte Sohn. Und gegen seine Mutter und seine Ehefrau kommt er nicht an. Niemand kommt dagegen an. Selbst eine Schiffsladung voll Anwälten würde sich geschlagen geben.

„Dann gehe ich zu Halil, der hat im Laden Baklava, und die schmeckt besser als deine! Ich hab mich nur nie getraut, dir das zu sagen, Mama!"

Cem schnappt sich seine Jacke und schlägt die Tür zu.

Im Treppenhaus bleibt er kurz stehen und horcht. Seine Mutter lacht! Und wie sie lacht, laut und herzlich. Er wüsste zu gern, was sie so komisch findet, aber er kann schlecht zurückgehen und fragen. Er muss sein Gesicht wahren. Cem macht sich auf den Weg zu Halils Laden, um die beste Baklava der Welt zu essen. Zumindest redet er sich das ein, denn in der Not isst der Teufel eben Baklava aus dem Laden.

Aysel wundert sich, warum Pervin so lacht, sie hat sie noch nie laut lachen gesehen, nicht mal lächeln.

„Pervin, wieso lachst du so? Was ist denn so komisch?"

Pervin hält sich die Hand vor den Mund, damit keine Baklavakrümel durch die Gegend fliegen. Sie zeigt auf die Schachtel.

„Frag mich mal, woher ich die Baklava hab, Aysel!"

„Und wo hast du sie her, Pervin?"

„Na, von Halil natürlich! Meinst du, ich stehe stundenlang in der Küche und mache Baklava, das in Sekunden aufgegessen ist!? Ich mache seit zwanzig Jahren keine Baklava mehr. Und jedes Mal, wenn ich was kaufe, lege ich ein bisschen Kleingeld drauf. Schweigegeld."

Aysel grinst. Cem wurde also seit Jahrzehnten mit getürkter Baklava hinters Licht geführt.

„Und was machen wir jetzt?", fragt sie.

„Wir gehen zu mir, gucken auf meinem neuen Fernseher Julia-Roberts-Filme und essen Cekirdek."

„Super Idee! Aber ich muss dich noch was fragen ... Wieso warst du immer so gemein zu mir?"

„Wenn ich ehrlich sein soll, Aysel, ich hab keine Ahnung.

Langeweile? Eifersucht? Egal, was es war, es ist nicht mehr wichtig."

Aysel nimmt das einfach so hin, hofft aber trotzdem darauf, dass es auch in Zukunft ein klein wenig Kleinkrieg mit ihrer Schwiegermutter geben wird. Ja, man mag sich jetzt, aber man soll nicht übertreiben.

Während Cem schon bei Halil seine Baklava mit Bier verputzt (und findet, sie schmeckt so gut wie bei Mutter), machen sich beide Frauen auf den Weg.

An der Tür fragt Aysel Pervin:

„Fahren wir?"

„Ach, nicht den Fahrstuhl, Aysel. Lass uns die Treppe nehmen. Es sind doch nur zwei Stockwerke!"

Muttertag heißt auf Türkisch *anneler günü*.
Cekirdek sind Sonnenblumenkerne.

Demo auf Türkisch

Eine Wohnung in Istanbul, nahe des Taksim-Platzes. Es ist Mai, ein warmer Abend. Tolga erwartet seinen Freund Emre. Beide sind die besten Kumpel seit der Grundschule, sie sind zwanzig und studieren Medizin. Es klingelt an der Tür.

„Da bist du ja endlich! Ich dachte schon, du kommst nicht. Moment mal, wer ist das denn?“

Tolga starrt die junge Frau verwundert an. Mit weiblicher Begleitung hat er nicht gerechnet. Es geht um ernste Themen, da haben Frauen nichts zu suchen, da sind sich die Freunde einig. Verlegen schaut Emre Tolga an.

„Ging nicht anders, sie hat unser Gespräch am Telefon belauscht und wollte zu Hause petzen. Ich musste sie mitnehmen, sonst hätte sie alles meiner Mutter erzählt.“

Tolga verzieht das Gesicht, er findet die Situation kein bisschen zum Lachen.

„Sehr witzig! Wir planen lauter verbotene Dinge und wer spuckt uns in die Suppe? Deine kleine Schwester! Und was soll sie hier? Börek machen und Kuchen backen oder was?“

Emre wäre am liebsten im Erdboden versunken. Er kommt sich lächerlich vor. Natürlich hat seine sechzehnjährige Schwester Ebru hier nichts verloren. Sie ist die typische kleine Schwester, die die Hausarbeit macht, kocht und auf heiratswillige Verehrer wartet. Politik interessiert sie nicht, sie liest nicht einmal Zeitung. Kurz gesagt, Ebru hat nicht die geringste Ahnung, was in der Welt um sie herum geschieht. Denkt Emre.

„Sie wird uns nicht stören, Tolga. Sie hat darauf bestanden, mitzukommen. Das ist alles. Sie bleibt hier. Und wenn wir zurück sind, gehen wir zusammen nach Hause. Meine Mutter wird nichts davon erfahren."

Tolga macht verächtlich „Pah" und marschiert ins Wohnzimmer. Zwei Rucksäcke liegen gepackt auf dem Tisch. Ebru sieht sofort, dass einer davon Emre gehört. Sie zeigt darauf und fragt:

„Was ist da drin, Emre?"

Emre schnaubt.

„Das geht dich gar nichts an! Misch dich nicht mit deinen teigklebenden Händen in unsere Geschäfte ein, okay?"

„Ich mische mich nicht ein. Außerdem habe ich doch von all dem keine Ahnung. Ich bin nur verdammt neugierig."

Tolga schaut sie böse an.

„Neugier ist nichts für kleine Mädchen. Du bist hier, das konnte ich nicht verhindern, aber ich kann verhindern, dass du uns alles kaputt machst. Du bleibst schön hier, hältst die Klappe und alle sind glücklich. Haben wir uns verstanden?"

Ebru sieht ihren großen Bruder frech an.

„Weiß eigentlich Serap, was du vorhast? Sie wird nicht begeistert sein, wenn ich ihr davon erzähle. Und ein zukünftiger Schwiegersohn, der sich absichtlich in Gefahr begibt ... Was Seraps Vater wohl davon hält?"

Allein die Erwähnung von Serap reicht aus, Emre läuft

dunkelrot an. Ebru kämpft mit harten Bandagen und er weiß nicht, warum. Was will sie hier? Warum ist es wichtig für sie, dass er sie mitnimmt?

„Ebru, meine Geduld ist nicht unendlich, erst recht nicht heute! Was zum Teufel willst du eigentlich?"

„Ihr werdet mich mitnehmen. Egal was ihr macht, ich stehe neben euch und mache mit."

Tolga fällt das Teeglas aus der Hand.

„Wie bitte? Was sagst du? Hast du den Verstand verloren? Das ist viel zu gefährlich! Kommt gar nicht in Frage!"

Ebru funkelte Emre siegessicher an.

„Du hast keine Wahl. Entweder, ihr nehmt mich mit, oder ich poste auf Facebook, was ihr vorhabt. Innerhalb einer Minute weiß es dann die ganze Verwandtschaft, inklusive deines zukünftigen Schwiegervaters. Und Tante Hacer. Und Onkel Hasan. Und vergiss unsere Eltern nicht."

Emre und Tolga schnauben vor Wut, aber sie sehen ein, dass sie keine Wahl haben. Sie diskutieren kurz unter vier Augen, was genau sie vorhaben, und checken noch mal den Inhalt der Rucksäcke. Sie verlieren keine Zeit und brechen auf. Ebru besteht darauf, dass sie noch mal zum Auto gehen, das Emre eine Straße weiter geparkt hat. Sie bittet Emre, den Kofferraum zu öffnen, und jetzt erst sieht er, dass seine Schwester auch einen Rucksack dabei hat. Sie hat ihn geschickt vor ihm versteckt.

„Was hast du da eingepackt, Ebru? Ersatzschuhe? Make-up? Oder einen Liebesroman, falls du dich langweilst?"

Ebru sagt kein Wort, sie hat keine Lust, Tolgas blödes Gequatsche zu kommentieren. Schweigend gehen sie langsam in Richtung Taksim. Emre und Tolga sprechen kaum, beide wirken nervös und fahrig. Ebru dagegen wirkt heiter und fröhlich. Tolga kann sich seinen bissigen Kommentar nicht verkneifen:

„Damit wir uns nicht falsch verstehen, Ebru, wir gehen nicht auf eine Party!"

„Oh, ich bin absolut im Bilde, Tolga. Und ich kann es kaum abwarten!"

Tolga bleibt stehen, er muss sich zusammennehmen, um Ebru nicht an den Schultern zu packen und zu schütteln.

„Bist du dumm, Ebru? Ja, du bist dumm! Typisch Frau, lange Haare, kurzer Verstand! Wir hätten dich nie mitnehmen sollen, du machst uns nur Ärger!"

Auch Ebru bleibt stehen.

„Ärger? Und das aus deinem Munde! Aber ich will dir sagen, warum ich hier bin: für meinen Gandhi-Moment."

Emre und Tolga schauen sich verwirrt an. Dreht das kleine Schwesterchen jetzt ganz durch?

„Ihr habt keine Ahnung, wovon ich rede, stimmt's? Wie sollt ihr auch! Ich wünschte, ihr hättet den Film *Gandhi* gesehen! Es gibt da eine Szene, bei der ich immer eine Gänsehaut bekomme: Dutzende Angreifer auf Pferden nähern sich Demonstranten. Die legen sich auf den Boden und bleiben still liegen. Das ist Protest, das ist die wirkliche Kraft der Gemeinschaft und der Gerechtigkeit. Einmal im Leben möchte ich so einen Moment erleben, und ich habe das Gefühl, dass heute der Tag ist."

Tolga schaut Ebru nachdenklich an.

„Und was ist dann passiert im Film?"

„Die Gerechtigkeit hat gesiegt, Tolga. Und jetzt trödelt nicht rum, ich will endlich in den Park, kapiert?"

Genau das will Emre auch. Was hat seine kleine Schwester nur vor? Sie heckt irgendwas aus, aber kann es klüger und besser sein als das, was er und Tolga ausgeheckt haben?

Sie nähern sich dem Taksim-Platz, von Weitem sehen sie, dass sich bereits viele Menschen versammelt haben. Und sie sehen Polizisten, sehr viele Polizisten. Tolga und Emre bekommen weiche Knie, sie würden es nie laut sagen, niemals zugeben, erst recht nicht, wenn eine Frau in der Nähe ist. Aber sie sind sich ihrer Sache längst nicht mehr sicher. Sie sehen einen Panzer und es ist vorbei mit der Abenteuerlust, mit dem Nervenkitzel. Sie wollen nur eines: so schnell wie möglich weg.

„Ebru, vergiss, was du von uns gehört hast, wir müssen die Sache abblasen, das Ganze ist viel zu gefährlich. Wir können nicht riskieren, dass dir etwas geschieht. Wir gehen jetzt einfach nach Hause und niemand erfährt davon, okay?"

Ebru schaut ihren großen Bruder verwundert an. Sie wusste schon immer, dass er ein Weichei ist, aber egal, nicht jeder muss ein Held sein. Für Tolga und Emre ist die Stunde noch nicht gekommen, sie müssen noch auf ihren Gandhi-Moment warten, aber sie, Ebru, sie weiß, heute ist ihr Tag, und sie hat vor nichts Angst. Nicht mal vor einem Panzer.

„Emre, du hast nichts verstanden: Ich bin hier, um dich zu beschützen. Ich habe keine Angst. Ich bin ein türkisches

Mädchen, ich habe nur vor Gott und meinem Vater Angst. Und jetzt lass mich durch!"

Ebru schubst die Jungen zur Seite und läuft mitten auf den Platz. Sofort packt sie ihren Rucksack aus. Darin sind ein Gebetsteppich, eine große Flasche Wasser und mehrere Brote. Emre und Tolga sind ihr nachgerannt und können nicht fassen, was sie sehen. Sie wedeln mit den Armen und schreien Ebrus Namen. Aber Ebru reagiert nicht. Stattdessen versammeln sich immer mehr Menschen um sie herum. Sie reißt das Brot in Stücke und gibt jedem der Umstehenden mit einem Taschentuch ein Stück davon.

„Wer hat Wasser dabei? Holt eure Wasserflaschen raus!"

Die Menschen schauen einander verwundert an. Was hat dieses Mädchen vor?

Polizisten rücken näher, bewaffnet, und langsam macht sich Angst und Panik breit. Dann steht ein Polizist Ebru gegenüber. Er schaut sie grimmig an, er will furchteinflößend wirken, aber heute ist Ebrus Tag. Doch das weiß der Polizist noch nicht.

„Verlass sofort den Platz. Du bist ein Mädchen, es ist viel zu gefährlich für dich. Das kann böse enden!"

Ebru nimmt einen Schluck aus ihrer Flasche, sie schluckt das Wasser nicht sofort runter und sagt so deutlich wie möglich:

„Su icene yilan bile dokunmaz."

Das ist ein türkisches Sprichwort: Ein Mensch stört nicht mal eine Schlange beim Wassertrinken.

Die Menschen um Ebru herum tun es ihr gleich. Jeder nimmt einen Schluck Wasser und wiederholt den Satz.

Der Polizist wird blass.

„Hör mal, Schwester, geh nach Hause, lass uns unsere Arbeit tun, okay?"

Der Polizist klingt jetzt freundlicher, aber Ebru will nicht aufgeben. Sie will nicht weggehen. Sie will ihre Gedanken teilen, mit allen Menschen um sie herum, mit der ganzen Welt.

Ebru rollt den Gebetsteppich aus, sie legt ein Stück Brot auf den Teppich und nimmt die Wasserflasche in die Hand. Die Menschen um sie herum beobachten genau, was sie tut, und machen es ihr nach. Statt eines Gebetsteppichs nehmen sie ihre Jacken, sie knien darauf, als ob sie beten wollen. Sie sehen, dass mehrere Panzer auf sie zu rollen. Die Polizisten gehen zu den Menschen hin. Sofort nehmen sie einen Schluck aus der Flasche und wiederholen alle den gleichen Satz:

„Su icene yilan bile dokunmaz."

Die ersten Polizisten geben auf, sie gehen weg. Aber nicht alle. Schon fangen sie an, untereinander zu streiten.

„Du musst deine Arbeit machen! Wenn sie nicht gehen, musst du sie dazu zwingen!"

„Und was soll ich machen? Du siehst doch selber, kaum mache ich einen Schritt auf sie, trinken sie aus der Flasche, und du weißt doch, was unsere Mütter uns beigebracht haben! Selbst eine Schlange lässt man in Ruhe trinken. Diese Kleine ist richtig ausgekocht, sie trickst uns aus. Und das Brot auf dem Gebetsteppich, was soll man da machen? Soll ich auf das Brot treten? Du weißt doch, was unsere Mütter uns beigebracht haben, oder?"

„Wer auf Brot tritt, der kommt in die Hölle!"

Die Polizisten wissen nicht, was sie tun sollen. Die Menge um Ebru ist riesig. Emre und Tolga knien neben ihr auf ihren Jacken, beiden haben ein Stück Brot in der Hand und kauen.

„Kaut das Brot, so lange es geht! Schluckt es nicht runter! Kein Mensch darf einen anderen Menschen verletzen, solange er isst!"

Das ist kein türkisches Sprichwort, aber Ebru weiß um die Macht des Brotes. Brot ist heilig in der Türkei, niemand würde auf Brot treten, es wegwerfen oder jemanden schlagen, der Brot im Mund hat.

Die Polizisten schauen einander hilflos an. Mittlerweile sind Tausende Menschen auf dem Taksim. Es hat sich rumgesprochen, dass ein Mädchen betet und von den Polizisten verschont wird. Die Menschen breiten überall ihre Teppiche aus, sie essen Brot und laden die Polizisten ein, mitzuessen. Keiner traut sich. Wohin die Polizisten auch schauen, sie sehen friedliche Menschen, die auf Gebetsteppichen beten, die auf Decken sitzen und Brot essen. Ganze Familien sitzen da und machen Picknick. Die Panzer ziehen sich zurück.

Ebru sitzt glücklich lächelnd auf ihrem Teppich. Ihre Oma hat ihn für sie gefertigt, er gehört zu ihrer Aussteuer.

Sie ist eben ein typisches türkisches Mädchen.

Brot heißt auf Türkisch *ekmek* und Demo *eylem*.

Betrug auf Türkisch

Irgendwo in Deutschland überlegt ein Betrüger ohne jeden multikulturellen Hintergrund, wie er an das Geld von gutgläubigen, naiven Menschen kommen kann. Er wählt eine x-beliebige Telefonnummer und hofft, durch ein unverfängliches Gespräch alle wichtigen Daten seines Opfers rauszukriegen.

Der Betrüger wählt die Nummer von Fadime Corbaci. Fadime Corbaci ist eine türkische Hausfrau durch und durch: naiv, aber nicht dumm, schlau, aber kein weiblicher Einstein, vor allem aber typisch türkisch gutmütig und freundlich. Aber auch Fadimes Freundlichkeit und Gutmütigkeit haben ihre Grenzen.

Halb zehn morgens in Hamburg. Fadime hat ihren Mann zur Arbeit geschickt, ihre Kinder in die Schule gescheucht, die Geldforderungen von Verwandten am Telefon abgewimmelt und ihren Bruder zur Schnecke gemacht. In diesem Moment klingelt das Telefon.

„Alo?“

Am anderen Ende der Leitung stutzt der Betrüger. Was ist denn das für ein Wort, alo? Abe isch vielleischt bei einem Fransosen angerufen?

„Sie meinten wohl hallo, es gibt kein Wort wie alo.“

„Natürlich gibt es das, kennen Sie nicht ALO? Das ist ein türkisches Waschpulver. Sie kennen sich wohl nicht mit solchen Dingen aus, Ihre Frau wäscht Ihre Wäsche, stimmt’s? Aber was sag ich da, Sie sind doch Deutscher,

Sie waschen bestimmt alles selber und müssen nach Feierabend kochen, Sie Armer."

Der Betrüger staunt über den kaum endenden Redefluss. Aber kaum atmet Fadime ein, hakt er nach.

„Oh, Sie scheinen sich mit fremden Kulturen auszukennen, das ist gut. Da bin ich bei Ihnen ja richtig! Unser Institut für Marktforschung und Werbung macht eine Umfrage und Sie sind eine der wenigen Auserwählten, die ..."

„Wirklich? Wie aufregend!"

Super, denkt der Betrüger, eine gelangweilte Hausfrau, das perfekte Opfer, die quetsche ich aus wie eine Tube Handcreme. Fünf Minuten und ich habe alle ihre Daten.

„Na, dann legen wir mal los, Frau ... äh, ich weiß gar nicht, wie Sie heißen. Dürfte ich Sie um Ihren Namen bitten?"

„Ich heiße Fadime Corbaci, geborene Karayilmazoglu. Eigentlich heiße ich Fatma, aber das ist der schlimmste Name überhaupt. Mein Vater ist schuld, wie kann man einem armen kleinen Mädchen so einen Namen geben? Herrgott noch mal, dabei sind wir Stadtmenschen! Alle meine Cousinen haben moderne Namen, die vor türkischen Gerichten durchgeboxt wurden, und was macht mein Vater, der Uniprofessor? Er nennt seine Tochter nach seiner Großmutter! Finden Sie das gerecht?"

Der Betrüger ahnt, dass es heute einen kleinen Tick länger dauern könnte.

„Ich finde, Fadime klingt wundervoll, Frau Corbaci."

„Na, wie wollen Sie das auch beurteilen, Herr ... Hören Sie, Sie haben mir gar nicht Ihren Namen gesagt."

Damit hat der Betrüger nicht gerechnet. Die meisten Menschen bemerken erst, nachdem sie die Daten rausgerückt haben, dass man ihnen keinen Namen genannt hat.

„Tom, ich heiße Tom."

Verdammt, denkt der Betrüger, ich bin gestern beim Zappen bei Tom und Jerry hängen geblieben. Das rächt sich jetzt.

„Tom und weiter?"

„Tanner."

Ich bin ein Idiot, denkt der Betrüger.

„Tom Tanner? Sie heißen wirklich so? Das klingt ja wie Dan Tanner, kennen Sie die Serie? Die war so super, der Mann hatte eine Garage im Haus und fuhr mit seinem roten Ferrari einfach so in seine Wohnung. Mann, war das cool!"

„Das war kein Ferrari, sondern ein gelbes Chevrolet Corvette Stingray Cabrio, ich habe das als Kind immer geguckt und keine einzige Folge verpasst."

Was rede ich denn da, denkt der Betrüger.

„Das waren noch schöne Zeiten."

„Das finde ich auch, Frau Cabaru."

„Ich heiße Corbaci, geborene Karayilmazoglu. Sie haben Glück, dass Sie mich nicht vor zehn Jahren angerufen haben! Dann hätten Sie meinen Namen gar nicht aussprechen können. Wissen Sie, wie meine Cousine jetzt mit Nachnamen heißt? Na, woher denn auch, Sie sind ja nicht von der NSA. Sie heißt Emirhanuluoglu. Wissen Sie, wie schwierig es ist, diesen Namen am Telefon zu buchstabieren? Es ist grausam. Ich hatte ihr zu einem Doppelnamen geraten, dann würde sie heute so heißen: Aysegül Karayilmazoglu-Emirhanuluoglu. Sie bräuchte dann natürlich zwei Ausweise, in einen passt so ein Name nicht rein!"

Ich bin zu alt für diesen Mist, denkt der Betrüger. Aber er braucht unbedingt Geld, er muss heute unbedingt noch jemandem die Daten aus der Nase ziehen und dann sein Konto abräumen, in seinem Namen einkaufen, all diese kleinen Betrügereien, die nötig sind, um über die Runden zu kommen.

„Frau Corbaci, ich will Ihnen den Grund meines Anrufs nennen. Wie ich schon sagte, unser Institut betreibt Marktforschung, wir wollen herausfinden, was Ehepaare zusammenhält und ob Gegensätze sich wirklich anziehen. Dazu bräuchte ich ein paar Daten von Ihnen, zum Beispiel, wann Sie geboren wurden, wo Sie geboren wurden, und auch die Daten ihres Mannes."

„Ich wurde am 5. Mai 1965 in Istanbul geboren, auf der europäischen Seite, bitte schreiben Sie das auf, ich lege großen Wert darauf, Herr Magnum."

„Ich heiße Dan Tanner, nicht Magnum."

Oh Gott, ich fange an zu spinnen! Ich rede Schwachsinn, aber was soll's, die Frau ist Türkin ....

„Sie reden Schwachsinn, Herr Tanner. Wie komme ich bloß auf Magnum? Bestimmt wegen dem Ferrari, Magnum fuhr Ferrari, knallrot! Oh, der sah so gut aus, ich meine den Mann, nicht das Auto, ich bin schließlich eine Frau, ich schaue auf den Mann, nicht auf das Auto. Aber sagen Sie, Sie heißen doch Tom und nicht Dan, kann es sein, dass ich Sie verwirre?"

Der Betrüger denkt scharf nach. Er wundert sich, etwas stimmt nicht, nur kann er nicht sagen, was.

„Natürlich heiße ich Tom, Frau Cabaru, ich habe mir alles notiert, Frau ... Und wann und wo ist Ihr Mann geboren?“

„Also, meine Schwiegermutter behauptet, mein Mann wäre im August geboren, aber mein Schwiegervater sagt, Hursit ist im April geboren worden, auf jeden Fall 1959, das ist schon mal sicher, obwohl meine Schwägerin behauptet, mein Mann wäre älter, aber sie ist 1958 geboren. Ich blicke da nicht ganz durch, Sie vielleicht?“

Lieber Gott, hilf mir, betet der Betrüger, gib mir Kraft, dieses Geschnatter zu überstehen.

„Aber Frau Cambalaya, Ihr Mann ist doch im besten Alter, die paar Monate machen doch nichts. Da wir schon beim Alter sind, Sie sind bestimmt schon Ewigkeiten zusammen und wissen alles von Ihrem Mann, und na ja, wie man so sagt, Wissen ist Macht ...“

„Ach, Wissen, das wird total überschätzt, viel wichtiger ist doch die Liebe, Herr Rockford. Sind Sie verheiratet?“

„Äh nein, aber ich bin auch so sehr glücklich.“

„Ach was, so ein Quatsch! Sie brauchen eine Frau, eine richtige Frau. Weißt du was, meine Cousine ist auch Single, sie möchte gerne heiraten. Sie ist so anständig, so häuslich, sie ist sogar Jungfrau, da war nie ein Mann in ihrer Nähe, dafür verbürge ich mich. Man müsste sie nur vorher aufklären, kann sein, dass man das bei ihr vergessen hat, aber dafür bekommst du die Superfrau schlechthin! Nie wieder musst du kochen, putzen oder waschen.“

Vergiss das Betrügen, sagt sich der Betrüger in Gedanken, weihe diese Frau in deine Geschäfte ein und zusammen werdet ihr ganz Europa plündern! Was für ein ausgekochter Profi, was für ein Mundwerk! Die würde den Eskimos Fischstäbchen andrehen, Arabern Bikinis und ihren Landsleuten womöglich Currywürste.

„Aber ich brauche doch keine Frau, liebe Frau Columbo, ich brauche nur ein Paar Daten von Ihnen."

Was für ein komischer Mann, wundert sich Fadime, einer, der anscheinend genau wie sie ein Kind der siebziger Jahre ist, man merkt es an der Serienbegeisterung. Aber Columbo ist genau Fadimes Stichwort, sie liebt Columbo heiß und innig.

„Haben Sie Columbo gesagt? Das ist ein Zeichen! Wissen Sie, mein Mann hasst Columbo, aber ich könnte es den ganzen Tag gucken. Ist er nicht drollig, und diese dichten, dunklen Haare, ein Traum, finden Sie nicht?"

„Wem sagen Sie das! Ich habe kaum Haare auf dem Kopf, und sogar in den letzten Folgen hat der Mann die gleiche Frisur, das dichte Haar, ich könnte platzen vor Neid! Wissen Sie, wer mein liebster Mörder war? Johnny Cash, wie er seine Alte um die Ecke bringt, das hat schon Stil."

Fadime kann sich kaum einkriegen vor Begeisterung.

„Das ist auch meine Lieblingsfolge! Gab es erst vor zwei Wochen auf RTL Nitro, das ist mein Ritual am Samstagmorgen, frühstücken und Columbo gucken. Ich liebe den Schluss, wenn Columbo Johnny Cash erwischt, als er mit dem Fallschirm aus dem Wald kommt, das ist Filmgeschichte für mich. ‚Haben Sie keine Angst, mit einem

Mörder alleine zu sein?', fragt der Mörder Tommy Brown, und Columbo antwortet höflich wie immer: ‚Nein, Sir.' Da bekomme ich jedes Mal eine Gänsehaut! ‚Niemand, der so singt, ist ganz und gar böse!', sagt ihm Columbo, und immer muss ich schluchzen. Was für ein Schluss, sagenhaft."

„Ja, da haben Sie wirklich recht. Da merkt man, wie gutherzig und wohlerzogen Columbo war, nicht so wie die Jugendlichen heute, die einem nicht mal guten Tag sagen. Wissen Sie, ich bin Sternzeichen Fisch, vielleicht bin ich zu sensibel für die Welt."

„Fisch? Du auch! Bei mir ist die ganze Familie Fisch, mein Bruder, meine Mutter, meine Schwiegermutter und mein Schwager. Bei uns geht's zu wie in einem überfüllten Aquarium. Wann genau hast du denn Geburtstag, Tom?"

„Am 10. März. Meine Mutter sagt, ich war eine Frühgeburt."

„Was? Meine Mutter hat auch am 10. März Geburtstag, was für ein Zufall. Das gibt's doch nicht. Meine Jüngste ist auch eine Frühgeburt, das war eine harte Zeit für mich. Ich kann mir gut vorstellen, wie sich deine Mutter gefühlt hat."

Für ein paar Sekunden herrscht eine eigenartige Stille. Keiner sagt ein Wort, bis Fadime etwas einfällt.

„Du wolltest mich doch was fragen, oder? Deswegen hattest du doch angerufen?"

Der Betrüger überlegt, was das war. Er hat angerufen, um aus Fadime Daten rauszuquetschen, aber was genau hat er ihr erzählt, welche Lüge hat er ihr aufgetischt? Alles ist weg, er ist in Gedanken in den goldenen Siebzigern, er denkt an die vielen TV-Serien, die er als Kind geguckt hat und die er schmerzlich vermisst. Fast hätte er angefangen zu heulen.

„Wir machen eine Umfrage über Menschen, die in den Siebzigern geboren wurden, aber ich würde dich viel lieber kennenlernen, Fadime."

Fadime zögerte nicht eine Sekunde, sie wundert sich nicht einmal, dass dieser Mann ihr ein ziemlich eindeutiges Angebot macht.

„Na, dann besuch uns doch, Tom, ich mache Baklava für dich, und Lahmacun. Hast du was zu schreiben, ich gebe dir meine Adresse. Okay, geht los, bist du bereit? Fadime Corbaci, Sankt-Pauli-Straße 13."

Fadime verabschiedet sich und legt auf.

Der Betrüger schluckt, er ist absolut sprachlos. So ganz nebenbei hat Fadime ihm alle Daten geliefert, die er braucht, aber darf er wirklich diese nette Frau übers Ohr hauen? Nein, das kann er nicht. Er wird diese Familie besuchen, schon aus Neugier muss er das tun. Er will wissen, wie sie lebt und wie sie aussieht ... Er glüht regelrecht. Er hat keine Familie, natürlich war er keine Frühgeburt und als Betrüger hat man keine Freunde. Sofort tippt er die Adresse bei Google ein, um herauszufinden, wie er fahren muss. Und wundert sich, denn die Sankt-Pauli-Straße gibt es nicht.

Und auch keine Fadime Corbaci.

Betrug heißt auf Türkisch *aldatma*.

Scheidung auf Türkisch

Ümit trommelt ungeduldig mit seinen Fingern auf den Tisch. Seit zehn Minuten wartet er auf seine Frau Zeliha, die wie immer zu spät kommt.

Eigentlich kann es ihm egal sein. Sie wollen auf neutralem Boden, bei Schweinske, ihre Scheidung besprechen. Die Ehe war kurz, es ist nicht gut gelaufen, man verstand sich nicht und hat sich rasch auseinandergelebt. Alles das innerhalb von zwei Monaten.

Vielleicht hätte ich länger trauern sollen, denkt Ümit, der Witwer. Aber das konnte er nicht, nicht bei zwei kleinen Kindern, die eine Mutter brauchen. Also hörte er auf seine Mutter Naciye, seine Nachbarin Gülseren und auf seine große Schwester Sevgi, der alles gar nicht schnell genug ging.

„Ümit, deine Frau ist tot, aber du lebst! Du brauchst eine Frau und deine Jungs brauchen eine Mutter. Heirate!"

Ümit war dem Schlachtruf gefolgt. Und alles ging schief, was schiefgehen konnte. Jetzt sitzt er in diesem Lokal mit einem Schwein an der Decke und wartet auf seine zukünftige Ex-Frau.

Eigentlich ist sie ganz hübsch, und eigentlich ist sie ganz nett, aber er hätte jemanden aus Hamburg nehmen sollen. Stattdessen wollte er auf Nummer sicher gehen und hat in der Türkei geheiratet. Sein Freund Dogan hatte ihm dazu geraten, sich eine Frau in der Türkei zu suchen. Und schnell war jemand gefunden, eine Beamtin, fünfunddreißig Jahre, genau in seinem Alter, bescheiden und zufällig die Nachbarin seiner Schwester Sevgi in ihrem Ferienhaus in Istanbul. Man wurde einander vorgestellt und der Funke sprang über.

Sechs Wochen später waren Ümit und Zeliha verheiratet und Zeliha folgte ihrem Mann nach Hamburg, ohne ein Wort Deutsch zu sprechen.

Irgendwas habe ich falsch gemacht, denkt Ümit.

Dann sieht er Zeliha zur Tür hereinkommen. Sie schüttelt ihren nassen Schirm aus und geht auf ihn zu.

„Hallo Ümit."

Kein Kuss, nicht mal ein Händedruck. Den nassen Schirm stellt sie genau neben seinen Schuh.

„Tag, Zeliha. Willst du was trinken?"

Zeliha hat rosige Wangen bekommen, seit Ümit sie nicht mehr gesehen hat. Und sie strahlt förmlich, was er eigenartig findet. Sie ist doch bald eine geschiedene Frau, sie hat ein Schandmal auf der Stirn und wird in der Türkei von ihrer Familie und Freunden geächtet werden. Wie kann diese Frau nur glücklich aussehen?

„Ich möchte einen Tee, Ümit. Oder lass mal, mir schmeckt der deutsche Tee nicht. Ich nehme Nescafé."

Ümit verzieht das Gesicht. Wieder merkt man, dass Zeliha neu in Deutschland ist, dass sie nicht hier aufgewachsen ist wie er. Nescafé lieben besonders die Türken in der Türkei, Pulverkaffee, den man mit viel Milch und Zucker trinkt.

Zeliha lächelt Ümit an und fängt an zu erzählen.

„Ich habe gestern mit meiner Anwältin in der Türkei

gesprochen. Wir können in einem Monat geschieden sein. Wie du weißt, möchte ich danach zurück nach Hause."

Jetzt lächelt Ümit. Sehr schön, denkt er, geh zurück und leb dein Leben weiter. Und ich suche mir in aller Ruhe meine nächste Ehefrau.

„Wenn du mir deine Wohnung in Istanbul überschreibst, wird es von meiner Seite aus keine Probleme geben."

Ümit verschluckt sich vor Schreck. Das Blut schießt ihm ins Gesicht.

„Welche Wohnung? Wovon redest du? Warum sollte ich so etwas Dummes machen?"

„Weil du es mir bei der religiösen Trauung versprochen hast. Erinnerst du dich nicht daran? Du weißt doch genau, dass der Hodscha fragt, wie hoch man den Wert der Ehefrau schätzt. Und du hast gesagt, ich sei so viel wert wie deine Wohnung in Istanbul."

„So viel wie die Wohnung? Die Wohnung, die sich meine Eltern vom Munde abgespart haben? Meinst du *die* Wohnung?"

Zeliha nickt.

„Ja, genau diese Wohnung."

„Vergiss es, die bekommst du nicht. Nur über meine Leiche!"

„Aha. Soso."

Ümit wundert sich über Zelihas Ausdruckweise, so eine kurze Ehe und trotzdem redet sie schon so wie ich, denkt er. Zeliha hüstelt und blickt Ümit streng in die Augen.

„Ein Mann von Ehre sollte seine Frau unterstützen und für sie sorgen, selbst nach einer Trennung."

„Ja, eigentlich schon, aber erinnerst du dich an unseren letzten Streit? Da sagtest du doch, ich hätte keine Ehre. Hier hast du den letzten Beweis, Zeliha, du kriegst die Wohnung nicht!"

„Okay, dann behalte ich den Schmuck!"

Ümit schluckt und schaut sie entsetzt an.

„Du willst was von mir? Den Schmuck meiner toten Frau?"

„Ja, Ümit, den Schmuck deiner toten Frau, ihre Ringe und Ketten, die man ihr auf dem Sterbebett abgenommen hat. Die Armreifen, die man ihr von den Armen genommen hat, an denen noch Spuren von ihrem Blut klebten, die ich sauber waschen musste. Weil du keinen neuen Schmuck kaufen wolltest. Deswegen habe ich den Schmuck deiner toten Frau bekommen. Den Schmuck, den du für deine Schwiegertöchter aufheben solltest. Genau diesen Schmuck, Ümit. Zehn Armreifen, fünfzehn Ringe und sieben Ohrringe. Ich werde alles aufbewahren, es in Ehren halten und für die Seele deiner toten Frau beten. Etwas, das du hättest tun sollen."

Ümits Blicke werden eisig, und je mehr Zeliha fordert, umso trotziger verhält er sich.

„Ich fange gleich nach meiner Scheidung an zu trauern, Zeliha, versprochen! Noch mal zum Mitschreiben, ich behalte die Wohnung und auch den Schmuck, hast du das jetzt begriffen? Im Übrigen sollte eine ehrenhafte Frau ihrem Mann gehorchen und auf ihn hören, anstatt ständig Forderungen zu stellen."

Zeliha schüttelt verwundert den Kopf.

„Ach Ümit, ich muss dir gestehen, das habe ich nicht immer. Du wolltest doch nicht, dass die Trauung aufgezeichnet oder gefilmt wird. Aber mein Cousin Ilker hat alles auf seinem Handy, die ganze Zeremonie, und auch, wie hoch du meinen Wert bezifferst. Besonders die Stelle, wo du grinsend nickst, als der Hodscha alles fein säuberlich auf ein Post-it schreibt. Den Zettel trage ich seitdem immer bei mir. Hab ich dir das überhaupt schon erzählt? Na ja, jetzt weißt du es. Meine Anwältin fand das übrigens sehr romantisch, wenn die Ehe gehalten hätte, würde ich ihr zustimmen. Aber was soll's. Ich bin übrigens ihre erste Klientin, und sie kann es kaum erwarten, dass ich sie heute anrufe. Sie wartet auf meine Zustimmung. Sie fand unsere Trauung übrigens ganz lustig. Und weißt du, solche Videos tauchen überall auf, bei Youtube oder Facebook. Man kann so was schlecht kontrollieren, und du kennst Ilker nicht. Wenn der auf jemanden sauer ist, also, der kennt keine Gnade! Jeder würde dann wissen, dass du dein Wort nicht hältst."

Dieses Miststück, denkt Ümit. Wie konnte ich so blind sein? Warum habe ich nicht gesehen, dass sie eine herzlose Goldgräberin ist? Aber mich trifft keine Schuld, ich war noch geblendet von der Trauer um meine Frau. Sie war ja auch erst einen Monat tot, als ich begann, Zeliha den Hof zu machen. Anfangs am Telefon, dann der Flug nach Istanbul, und innerhalb einer Woche waren wir verlobt. Danach ging alles sehr schnell, Trauung, Flitterwochen und dann schon die Reise nach Hamburg. Aber da war etwas schiefgelaufen. War es der Geist seiner toten Frau oder waren es die zwei Jungs, die verwirrt und irritiert waren, dass sie so schnell eine neue Mutter bekamen? Wer weiß, auf jeden Fall hatte sich Zeliha nie richtig eingelebt. Und die anfängliche Vertrautheit zwischen ihnen wich der Gleichgültigkeit. Ümit lebte weiter wie bisher, nur seine Frau war neu. Zeliha hatte sich einen liebevollen Ehemann gewünscht, aber sie bekam einen Witwer, der kühl und distanziert war. Ümit merkte, dass es so nicht weitergehen konnte. Doch weder die Nachbarin noch seine Schwester wussten Rat.

„Aber ihr wolltet doch, dass ich heirate, Sevgi! Sag mir jetzt, was ich tun soll!"

Sevgi schien genervt zu sein. Während der Verlobungszeit war sie Feuer und Flamme für Zeliha gewesen und hatte sie in den höchsten Tönen gelobt. Jetzt war sie distanziert und tat so, als wäre sie nicht seine große Schwester. Dabei mischte sie sich doch sonst ständig ein.

„Woher soll ich das wissen? Wir haben dir nicht gesagt, du sollst heiraten. Ich habe nur gesagt, die Kinder brauchen eine Mutter! Du hast da was missverstanden, Ümit!"

Nach zwei Monaten waren Zeliha und Ümit endlich wieder einmal einer Meinung, nämlich der, dass sie nicht zusammen passten. Es gab nichts, was sie zusammenhielt.

Nun sitzen sie sich bei Schweinske gegenüber und Ümit hat das Gefühl, sein Leben wäre eine Fernsehserie mit Tod und Erpressung, gefolgt von einer schmutzigen Scheidung.

„Dann lass ich mich eben nicht scheiden, ich bin Witwer, ich habe alle Zeit der Welt. Die Wohnung und den Schmuck kannst du vergessen!"

Zeliha nimmt einen großen Schluck von ihrem Nescafé.

Sie leckt sich die Lippen und lächelt Ümit rätselhaft an.

„Erinnerst du dich eigentlich an meine Schwester Meral?"

Ümit überlegt. Er nickt.

„Meinst du die Dicke mit der Zahnspange, mit der du meinen Neffen Berkant verkuppeln wolltest?"

„Nein, ich meine die Blonde mit der Sanduhrfigur, die größer ist als du. Du hast dich über sie geärgert, weil du auf den Hochzeitsfotos neben ihr stehen musstest."

Ümit atmet scharf ein. Natürlich erinnert er sich an Meral. Leider.

„Ja, ich erinnere mich vage an sie, sie hat auf der Hochzeit nur dummes Zeug geredet."

Zeliha kann nichts aus der Ruhe bringen.

„Auf jeden Fall lässt dich Meral grüßen. Und sie freut sich, dich wiederzusehen."

Ümit zuckt ratlos die Schultern.

„Warum sollte sie mich denn wiedersehen wollen?"

„Oh, bitte entschuldige, Ümit, unsere Ehe war so kurz, ich konnte dich gar nicht auf dem Laufenden halten."

Ümit macht eine fragende Geste.

„Und was heißt das?"

Zeliha kramt in ihrer Handtasche und legt eine Visitenkarte auf den Tisch.

Ümit wirft einen kurzen Blick drauf, wird blass und schnappt nach Luft. In diesem Moment wünscht er sich, er hätte Zeliha während ihrer Ehe mehr Fragen gestellt und vor allem mehr zugehört, wenn sie über ihre Familie gesprochen hat.

Zeliha klopft mit den Fingerspitzen auf den Tisch.

„Bekomme ich nun die Wohnung und den Schmuck, Ümit?“

Ümit nickt. Auf der Visitenkarte stehen der Name seiner Schwägerin, ihre Telefonnummer und fett gedruckt: *Scheidungsanwältin*.

Scheidung heißt auf Türkisch *bosanma*.

Heiratsantrag auf Türkisch

Nachdem Natascha schmerzhaft feststellen musste, dass Osman dem eigenen Geschlecht zugetan ist, lässt sie sich bereitwillig von Akif trösten, und siehe da, die Veganerin entdeckt ihr Herz für den Dönermann. Sie beschließen, zusammen Urlaub zu machen, aber hier offenbaren sich nicht nur kulturelle Unterschiede.

„Du, Akif?"

„Ja, mein Schatz?"

„Ich habe Hunger!"

Das war unmissverständlich, laut und deutlich. Akif hatte angenommen, Natascha wäre unkompliziert und pflegeleicht, solange sie ihren Salat und ihren Biokram bekommt, aber da hat er sich gewaltig geirrt. Langsam fragt er sich, ob es wirklich eine gute Idee war, mit Natascha nach Fethiye in die Ferien zu fahren.

Gleich am ersten Abend hatte er versucht, dem Kellner eines Restaurants klarzumachen, dass seine Freundin kein Fleisch aß. Der Kellner lächelte freundlich und Akif war froh, dass er kapiert hatte.

„Okay, Bruder, dann eben Lamm."

Akif hatte zu diesem Zeitpunkt alle Geduld der Welt.

„Nein, kein Fleisch, auch kein Lamm. Nur Gemüse, sie will kein Fleisch."

Der Kellner schaute Natascha misstrauisch an. Dann beugte er sich runter zu Akif und flüsterte ihm zu:

„Bruder, wir können ihr auch Schweinefleisch beschaffen, alles kein Problem. Es ist zwar Ramadan und womöglich lande ich in der Hölle, aber was tut man nicht alles für das tägliche Brot. Sie ist Deutsche, soll sie doch ihr Schwein haben."

Natascha nippte an ihrer Cola light und genoss die Aussicht am Hafen von Fethiye. Sie verstand kein Wort, aber sie wunderte sich, dass Akif rot anlief.

„Sie isst kein Fleisch! Nichts, was von einem Tier kommt, gar nichts, hast du kapiert? Kein Rind, kein Lamm, kein Schwein, okay!?"

Der Kellner zuckte zusammen und drückte die Speisekarte gegen seine Brust, als würde Akif eine Waffe auf ihn richten.

„Okay, Bruder, ich habe verstanden, du musst nicht so laut werden. Also, wie wäre es, wenn ich deiner Freundin ein paar Eier in die Pfanne haue?"

Akif wäre beinahe explodiert. Ohne eine Antwort abzuwarten, schlich der Kellner davon, und am Ende aß Natascha nur Brot und gebratenes Gemüse. Veganer haben es schwer in der Türkei, ganz besonders die, die wirklich kein Fleisch essen.

Jetzt liegt Akif mit Natascha im Hotelbett und sie hat wieder Hunger. Kein Wunder, wenn man nichts Vernünftiges isst, denkt er, aber er sagt etwas vollkommen anderes. Wie alle Männer dieser Welt will er keinen Aschenbecher an seinem Kopf spüren.

„Wir gehen heute in ein sehr schönes Restaurant am Hafen, es heißt Rafet, ich habe dort als Kind schon gegessen und man kennt mich da gut. Wenn ich sage, kein Fleisch, dann wissen die Bescheid. Wir machen uns jetzt ausgehfein und lassen es uns schmecken."

Akif schickt ein Stoßgebet in Richtung Himmel und hofft auf einen schönen, ruhigen Abend. Natürlich isst er Fleisch, immer und jederzeit. Er ist schließlich Türke, und seine Mutter würde ihn für verrückt erklären, wenn er ihr sagen würde, er wäre ab jetzt Vegetarier. Oder gar Veganer. Er könnte ihr genauso gut sagen, er wäre homosexuell und sie könne sich Enkelkinder abschminken.

Im Rafet wartet ein gedeckter Tisch auf sie, direkt am Hafen. Es sieht sehr romantisch aus, sogar eine kleine Vase mit Blumen steht auf dem Tisch.

„Ist was, Natascha? Gefällt es dir hier nicht?"

„Wo soll ich anfangen, Akif? Also, diese Blumen gehen erst mal gar nicht, die sind ja aus Plastik. Nicht mein Stil. Und diese Tischdecke, einfach grauenvoll. Ich hoffe nur, hier gibt es endlich was zu essen für mich!"

„Ich werfe mal einen Blick in die Küche und checke die Gerichte. Ich will, dass heute Abend alles perfekt ist für dich."

Akif geht zu einem der Kellner und bespricht mit ihm das Menü. Es gibt mehrere Vorspeisen, aber fast alle enthalten entweder Joghurt, den Natascha nicht isst, oder Gewürze, die Natascha nicht mag. Als Hauptgericht gibt es verschiedene Fischsorten, gegrilltes Lamm und Köfte.

„Kann es sein, dass sie ein psychisches Problem hat? Ich meine, dass was in ihrem Kopf nicht stimmt, Bruder?"

Wenn es sich Akif recht überlegt, hat der Kellner nicht mal unrecht. Wer verzichtet schon freiwillig auf gegrillte

Lammrippchen, es sei denn, er oder sie hat nicht alle Tassen im Schrank?

Akif mustert Natascha von Weitem. Schön ist sie, aber leider absolut ungeeignet für ihn. Er kann sie nicht mal seinen Eltern vorstellen, deren Vorstellung von Glück ist, im Garten Lammspieße zu grillen und bis tief in die Nacht Okey zu spielen. Sein Vater würde Natascha an einen Stuhl fesseln und so lange mit Fleisch füttern, bis sie zum Tiger wurde. So sind seine Eltern nun mal.

Akif bestellt frisches Brot und Grillgemüse, dazu Auberginenmus und Hirtensalat. Als Hauptspeise für Natascha würde man Linsensuppe servieren, Börek mit Lauch und Dürüm mit Butter. Akif würde natürlich auch Fleisch essen. Weder war seine Liebe zu Natascha so groß, dass er darauf verzichten mochte, noch war seine Liebe zu Tieren so groß, dass er sich nur von Grünzeug ernähren würde.

Er geht zurück zu Natascha und setzt sich ihr gegenüber.

„Herrliches Wetter, oder, Natascha?“

„Ja. Sehr warm. Übrigens, die Gabel sieht nicht ganz sauber aus, was meinst du?“

„Sie ist sauber, Natascha, aber wenn du willst, lecke ich sie für dich noch mal ab.“

Akif weiß nicht, was ihn geritten hat, aber es tut gut, seine Gedanken rauszulassen. Er muss seltsamerweise an seinen Onkel Recep denken, der ein unverbesserlicher Alkoholiker war. Der Mann furzte, wo immer er konnte, und speiste schockierte Umsitzende mit dem Satz ab:

„Schlechte Luft muss raus!“

Wie recht hatte Onkel Recep doch, und schlechte Luft gibt es reichlich zwischen Natascha und Akif.

„Ach, Akif, kannst du nicht ein Mal ernst sein?"

„Ernst? Ist das dein Ernst, Natascha? Im Urlaub?"

In diesem Augenblick kommen die Kellner nacheinander aus dem Restaurant, jeder trägt in den Händen brennende Fackeln. Einer aber trägt einen Korb mit Rosenblättern. Die streut er breit lächelnd auf den Tisch zwischen Akif und Natascha und um sie herum.

Man hört eine Geige zirpen und romantische Musik umhüllt die zwei.

Natascha strahlt. Als hätte man ein Licht in ihr angeknipst, das erste Mal in diesem Urlaub sieht sie zufrieden aus, wirklich glücklich. Sie ergreift Akifs Hand, der angestrengt überlegt, was Heiratsantrag auf Türkisch heißt. War ihm das Wort gegenüber dem Kellner rausgerutscht, ohne dass er es gemerkt hat? Aber solche Wörter sind doch ellenlang, damit es nicht zu verbalen Katastrophen kommt und das Leben von ehrlichen Junggesellen nicht ruiniert wird. Oder irrt sich Akif und das ist ein Wink von ganz oben, damit er endlich merkt, dass Natascha doch die Eine ist, die Frau seiner Träume?

Ach, so ein Scheiß, natürlich nicht, denkt Akif, das ist ein Zeichen, dass ich schlecht Türkisch spreche, die falschen Frauen aufreiße und endlich mal ein anderes Restaurant in Fethiye ausprobieren sollte.

Natascha aber denkt anders, sie schaut Akif tief in die Augen und haucht:

„Ja, Akif, die Antwort ist Ja! Ich will dich heiraten!"

Heilige Mutter Gottes, ich habe dich doch gar nicht gefragt, wäre ihm beinahe rausgerutscht.

Die Kellner stehen immer noch um den Tisch herum, der Geigenspieler geigt, als ginge es um sein Leben, und Akif kann nicht fassen, was er mit ein paar Brocken Türkisch heraufbeschworen hat. Wie zum Teufel kommt er aus diesem Schlamassel raus, ohne als Idiot dazustehen? Dabei denkt er mehr an die Kellner als an Natascha, die ist ihm mittlerweile pupsegal. Und kaum hat er sich das in Gedanken eingestanden, entfährt ihm ein kolossaler, monumentaler, lebensrettender Furz. Die Kellner zucken zusammen. Natascha springt vom Tisch auf.

„Akif, wie kannst du mir das antun!"

Plötzlich passt alles zusammen. Er weiß genau, warum was wie passiert ist, und er weiß die passenden Worte, um die Situation zu retten:

„Schlechte Luft muss raus!"

Urlaub heißt auf Türkisch übrigens *tatil*.
Und Heiratsantrag *evlenme teklifi*. (Schön lang, oder?!)

Rache auf Türkisch

Hamburg, es ist Mittag, das Telefon klingelt. Ayse geht ran und hofft, dass ihre Freundin es kurz und schmerzlos macht. Das tut sie nicht, wie immer schnattert sie los, und das Drama beginnt.

„Du, Ayse, hast du das schon gehört, dein Mann hat gestern im Freibad einer Frau hinterhergepfiffen, so richtig laut auf zwei Fingern!"

Ayses Antwort ist kurz. „Aha!" Dabei macht sie ein Fuck-you-Zeichen für ihre liebe Freundin, so richtig mit beiden Händen und zwei Mittelfingern.

„Das ist alles, was du dazu zu sagen hast? Nur ein Aha? Dein Mann macht anderen Frauen schöne Augen und du sagst nur das?"

Ayse ist heute in der richtigen Laune und gibt ihrer einst besten Freundin die einzig richtige Antwort.

„Ich sage aha, wenn mir nach aha ist, okay, Canan? Macht mein Mann anderen Frauen schöne Augen, so richtig mit dem Kopf und zwei Augen? Anscheinend, denn meine beste Freundin wartet nicht einmal achtundvierzig Stunden, um mir das unter die Nase zu reiben! Achtundvierzig Stunden, in denen du dir den Kopf zerbrechen und mit deinem Gewissen hadern solltest, ob und wie du mir das sagen sollst! Aber da du zum weiblichen Moral-Colümbo mutiert bist, kennst du die Antwort ja schon, ohne auch nur eine Minute nachzudenken. Mach nur so weiter, du kommst in den Himmel, ganz bestimmt, und wenn du irgendwann in hundert Jahren meinen Mann da oben siehst, DANN VERGISS NICHT, BUCH ZU FÜHREN, WIE VIELE TUSSIS ER DA OBEN ANBAGGERT, KAPIERT!!!!!"

Ayse knallt den Hörer auf und denkt: Erledigt! Der hab ich es gegeben. Ob Canan recht hat oder nicht, war erst mal egal. Sie hat ihr endlich die Meinung gesagt.

Aber nun zu ihrem Mann. Das ist schwieriger. Der Freundin kann man aus dem Weg gehen, dem Ehemann nicht. Wie kann sie es ihm heimzahlen? Wie kann sie ihn erledigen, fertigmachen, kaltstellen, beiseite räumen, ihm einen Denkzettel verpassen? Während sie so nachdenkt, öffnet Ayse unbewusst das Waffenarsenal einer jeden guten Hausfrau: den Kühlschrank!

Drei Stunden später

Ali kommt um Punkt 19 Uhr nach Hause; kaum hat er die Tür geöffnet, umhüllt ihn ein köstlicher Duft. Hmmm, macht er, ohhhh, Ayse hat wieder gut gekocht! Eigentlich nichts Neues, seine Frau kocht gut und gern. Aber seit einigen Jahren achtet sie darauf, dass die Gerichte fettarmer sind, schließlich ist Ali über vierzig und muss auf seine Gesundheit achten.

„Ayse?"

Staunend steht er seiner Frau gegenüber. Sie trägt nicht wie sonst unter ihrer Schürze Jeans und ein altes T-Shirt. Ihr Haar ist frisiert, sie ist dezent geschminkt. Sie steht da und leckt den Kochlöffel ab. Irgendwie ist sie anders als sonst. Aber genau das gefällt ihm.

„Hallo, mein Lieber. Ich habe gekocht für dich. Auberginensalat mit Knoblauchjoghurt, Spaghetti mit Gambas, und die Krönung: Baklava! Habe ich nur für dich gemacht!"

Ali platzt fast vor Stolz! Er hat vor zehn Jahren einen guten Fang gemacht, denkt er sich. Er kann es kaum abwarten, mit seiner Frau am Tisch zu sitzen und mit ihr das Essen zu genießen. Der Tisch! Weiße Rosen in einer kleinen Vase stehen da, aber nicht von ihm für Ayse mitgebracht.

Eigentlich habe ich ihr seit Jahren keine Rosen mitgebracht, denkt er schuldbewusst. Ayse hat den Tisch so liebevoll gedeckt, er sieht fast wie ein Brauttisch aus.

„Gibt es keine Suppe, Ayse?", ruft Ali in die Küche.

„Nein, mein Schatz, es gibt zuerst die Spaghetti", haucht Ayse. Sie hat die Schürze ausgezogen und jetzt sieht Ali, dass sie einen engen Rock und ein tief ausgeschnittenes Top trägt. Ali freut sich schon auf sein Dessert, und er denkt dabei nicht an Baklava.

Mit einem Lächeln füllt Ayse ihm und sich auf. Ali kann kaum seine Augen abwenden, so sexy sieht sie heute aus. Sie wünscht ihm einen guten Appetit und beginnt zu essen. Bei jedem Bissen leckt sie sich die Lippen, die Gambas fischt sie mit den Händen vom Teller und lutscht und knabbert an ihnen. Ali fallen fast die Augen aus dem Kopf. Komisch, denkt er, das ist meine Frau, aber irgendwie ist es nicht meine Frau. Haben vielleicht die türkischen Körperfresser zugeschlagen? Ali hat mal einen Film gesehen, in dem Außerirdische die Welt von den Menschen übernommen haben. Könnte das sein? Ach shit, egal, sie ist sexy, egal ob außerirdisch oder nicht!

„Es schmeckt köstlich, canim! Du kochst wie ein Engel! Aber mein Hausarzt sagt doch, ich soll auf meine Ernährung achten, und du sagst doch auch immer, ich soll …“

Ayse fällt ihm ins Wort.

„Ach Schatz, was weiß der Arzt schon, er sagt, du sollst auf dein Herz achten, aber genau das mach ich doch, ich nähre deine Seele. Außerdem koche ich nur mit dem besten Olivenöl, das es gibt.“

Während sie das sagt spritzt etwas Öl von den Gambas auf ihr Dekolleté, sie wischt es nicht wie sonst mit der Serviette weg, sondern mit ihrem Finger, den sie danach genüsslich ableckt.

Oh, oh, oh, denkt Ali, verflucht noch mal, wenn Außerirdische meine Alte entführt und mir dafür diese Frau gebracht haben, dann danke, lieber Gott! Behaltet die andere, ich will diese Ayse, jetzt und sofort! Ali fängt an, mit den Augen zu klimpern und zu zucken, das ist eigentlich ihr geheimes Zeichen, sich so langsam ins Schlafzimmer zu verziehen.

Aber diese neue, außerirdische Ayse reagiert nicht. Er zuckt und klimpert, und Ayse lächelt, isst vom Auberginensalat und leckt sich die Lippen.

„Warte nur, bis du die Baklava probiert hast! Ich habe alles allein gemacht, den Teig geknetet, danach ausgerollt, den Sirup gekocht, die Walnüsse geknackt, da wurde mir so heiß beim Ausrollen des Teiges, ich musste mich splitterfasernackt ausziehen! Mir lief der Schweiß nur so runter. Aber dafür steckt jetzt in meiner Baklava ganz viel Liebe drin. Sie ist weich und saftig, mit kleinen, knackigen Nüssen, und der Teig ist zart und locker und zergeht dir auf der Zunge!“

Dabei nimmt sie ein Stück Baklava in die Hand, der Sirup läuft an ihrem Ellenbogen runter und sofort leckt sie ihn ab. Ganz langsam, wie in Zeitlupe.

Mädchen, kapier es doch endlich, denkt Ali und fängt wieder an zu klimpern und zu zucken. Aber je mehr er zuckt, umso genießerischer leckt sie an ihrer Baklava.

Er will gerade den Mund aufmachen und ganz kurz und profan „Jetzt mal ab ins Bett“ rufen, da klingelt das Telefon.

Ayse schießt wie ein geölter Blitz hoch und greift nach dem Hörer.

„Was, ein Notfall? Oh, wie furchtbar! Oh, wie schrecklich! Ich bin gleich bei dir!“

Ayse legt auf und wendet sich Ali zu, die Hände in die Hüften gestützt.

„Also, du wirst es kaum glauben, Hakan hat seine Frau verlassen, wegen irgendeiner billigen, schlampig aussehenden Frau. Ich glaube, sie heißt Selda oder so. Das war gerade Hakans Frau. Ich muss sofort zu ihr, bevor sie eine Überdosis Raki nimmt oder eine Überdosis M & M. Warte nicht auf mich, mein Schatz!“

Sie nimmt ihre Tasche und ist kaum aus der Tür, da dreht sie sich noch einmal um und ruft: „Und vergiss nicht, den Tisch abzuräumen, Schatz!“

Ali denkt, dass die Außerirdischen doch nicht so gute Arbeit geleistet haben, und räumt frustriert den Tisch ab. Geil und einsam geht er schlafen.

Zwei Tage später

„Schatz, bist du das?“

Die Stimme ist wie immer Ayses Stimme, aber auch heute ahnt Ali, dass Ayse irgendwie nicht Ayse ist. Vor zwei Tagen hat sie wie um ihr Leben gekocht, an Gambas und Baklava geleckt und gelutscht, bis Alis Schritt kochte und dampfte, nur um ihn dann allein und frustriert mit seiner Libido zurückzulassen. Und warum? Um ihre verlassene Freundin zu trösten. Konnte sie das nicht am Telefon machen, wie Millionen Frauen auch!? Aber nein, Ayse muss es persönlich tun, weil die Freundin ja so leidet. Aber heute würde alles anders sein, Ayse würde heute ihr blaues Wunder erleben.

„Ja, mein Engel!“, sagt Ali und versteckt die weißen Rosen hinter seinem Rücken.

„Oh canim, was ist denn das?“ Ayses Augen glühen vor Freude, als sie die Rosen entdeckt. Sofort reißt sie das Papier herunter und die Rosen werden auf dem Tisch platziert.

„Was hast du denn heute Leckeres gezaubert?“

Ayse zeigt auf den üppig gedeckten Tisch, auf dem sich Teller an Teller reiht. Adana kebab, so wie Ali es mag, mit Pul Biber, schön scharf, Mercimek Köfte, Bällchen aus Linsen und Cig Köfte. Ali läuft das Wasser im Mund zusammen. Er sieht schon seinen Hausarzt mit den Armen rudern und ihn laut anschreien, aber soll er doch! Außerdem weiß er ja nicht, was Ali nach dem Essen plant. Nach dem Esen würde Ali nicht mehr Karasimsek heißen, sondern Ali Kasanova, aber dazu später.

Heute hat Ayse ein Hängerchen an, aber was für eins! Die schmalsten Spaghettiträger, der dünnste Stoff. Ali überlegt. Ist das nicht das Kleidchen, von dem Ayse sagt, sie kann es nur ohne Unterwäsche tragen? Juhu, heute geht die Post ab, Attacke!!

Ayse setzt sich an den Tisch, sie nimmt sich ein Salatblatt, wickelt es um ein Bällchen und verschlingt es. Sie seufzt und schließt dabei die Augen.

„Oh Gott, ist das gut! Ich habe die Bällchen mit echter Meersalzbutter gemacht! Dieser Geschmack tut so wohl, er streichelt meine Sinne, als ob ich meine Lippen lecke nach einem Bad im Meer!"

Ali grinst. Super, denkt er, Frau schon geil, da kann ich mir das Vorspiel sparen. Er will gerade zu ihr rüberrücken, da klingelt es an der Tür. Verdammt, wer ist das? Sonst kommt doch nie jemand um diese Zeit. So komme ich nie zum Stich!

Er springt auf und lugt durch den Türspion. Kaum durchgeguckt, hätte er sich beinahe übergeben. Ali denkt nicht mehr, Ali ist gerade gehirntot.

„Wer ist denn das?", ruft Ayse.

Ali würgt seinen Ärger und Ekel runter und öffnet die Tür. Seinen Ärger kann man auf der Waage wiegen, er hat hundert Kilo Kampfgewicht und hört auf den Namen Schwiegermutter. Kaum drin, drückt sie ihn kraftvoll an ihre üppige Brust, und obwohl das für die nächste Zeit wohl die einzige Brust ist, die er fühlen würde, kann er es nicht genießen, denn seine Schwiegermutter wohnt nicht um die Ecke, sie wohnt zweihundert Kilometer entfernt. Und noch schlimmer als eine Schwiegermutter, die um die Ecke wohnt, ist eine Schwiegermutter, die zweihundert Kilometer entfernt wohnt und einen Führerschein hat.

„Ich hab euch so vermisst, ich hab es kaum ausgehalten vor lauter Sehnsucht!"

„Mama, was für eine Überraschung! Wie schön, dass du da bist! Du kommst gerade richtig, wir sind beim Essen. Ich hoffe, du hast Hunger mitgebracht."

Ayse ist in ihrem Element und strahlt wie ein Weihnachtsbaum. Die Schwiegermutter wankt zum Tisch, und kaum hat sie die Speisen erblickt, stößt sie Entzückensschreie aus.

„Oh, meine liebste Tochter, das sind ja alles meine Lieblingsgerichte! Was für eine Überraschung, als hättest du geahnt, dass ich komme! Ich könnte sterben für Adana Kebab und Cig Köfte und Mercimek Köfte und Patlican Salatasi!"

Ja, ja, ja, denkt Ali, diese Liste kann man endlos fortsetzen, es kann sich nur noch um Stunden handeln, bis sie all ihr Lieblingsgerichte runtergerasselt hat. Aber Moment mal, seltsam ist das schon, oder? Seine Frau kocht die Lieblingsgerichte ihrer Mutter, und schon steht sie vor der Tür. Werde ich auf meine alten Tage paranoid oder ist das ein Zufall?

Ach was, sagt er sich, hätte sie Elvis' Bananenerdnussbuttersandwich gemacht, wäre dann Elvis aufgetaucht? Wohl kaum, alles nur Zufälle. Oder doch nicht? Ihm schwant etwas, und es ist nichts Gutes.

Ali nimmt seine Jacke und geht zur Tür.

„Wohin gehst du, Schwiegersohn?", fragt seine Schwiegermutter freundlich. Sie nennt ihn oft Schwiegersohn, manchmal nur Sohn.

„Ich gehe den Keller aufräumen, Mutter."

Ayse reißt die Augen auf.

„Schatz, du hasst es doch, den Keller aufzuräumen."

„Ja, ich weiß. Aber jetzt wird es Zeit dafür. Wenn ich fertig bin, repariere ich dein Fahrrad. Vielleicht gehe ich auch noch einkaufen."

Ayse grinst breit.

„Bringst du auch Klopapier mit, Schatz?"

Ali hasst nichts mehr, als Klopapier zu kaufen.

„Ja, canim, ich hole auch Klopapier."

Ayse küsst ihn und setzt sich zu ihrer Mutter an den Tisch. Ali öffnet gerade die Tür, da ruft ihm Ayse noch nach:

„Und bring mir bitte Tampons mit!"

Canim heißt übrigens Liebste. Und Rache *intikam*.

Witwe auf Türkisch

Hatices Mann stirbt nach langer Krankheit, sie hat ihn liebevoll gepflegt. Nun steht sie vor einer großen Leere. Die Kinder sind längst verheiratet und leben ihr eigenes Leben. Einmal die Woche besuchen sie ihre Mutter, aber für Hatice ist das nicht genug. Sie hat zwei Söhne, zwei Schwiegertöchter und drei Enkelkinder. Hatice hat Hunderte Bekannte, Verwandte und Freunde, aber niemand kann ihr den Ehemann ersetzen. Mit achtzehn hatte er sie überredet, durchzubrennen, und Hatice hat es nie bereut. Jetzt blickt sie zurück auf ein Leben voller Liebe und kann nicht fassen, dass sie nie wieder mit ihrem Mann reden wird. Nie wieder wird sie seine tiefe Stimme hören, nie mehr wird er über ihr Essen meckern oder Scherze über seine Arbeitskollegen machen. Hatice ruft ihre Freundin Belinda an und lädt sie zu sich ein. Belinda ist witzig und wird sie sicher auf andere Gedanken bringen.

Auf dem Tisch dampft der schwarze Tee und es gibt Teigtaschen, Börek und Bulgur. Belinda ist zehn Jahre jünger als Hatice, ihre Kinder sind noch nicht verheiratet und ihr Mann lebt noch. Sehnsüchtig denkt Hatice an ihren verstorbenen Fahri und schon kullern die Tränen. Belinda nimmt Hatice in den Arm.

„Fahri fehlt mir so sehr! Nie hätte ich gedacht, dass es so weh tut, Witwe zu sein. Ich fühle mich so einsam."

„Aber du hast doch deine Kinder, Hatice, die sind doch ständig um dich herum, oder? Und du weißt doch, so traurig es auch ist, gegen den Tod ist kein Kraut gewachsen. Du wirst darüber wegkommen, irgendwann, ganz sicher."

Das alles hat Hatice hundertmal gehört, geholfen hat es aber kein bisschen.

„Aber ich muss ständig an meinen Mann denken. Ich vermisse seine Stimme so sehr. Es gibt so viel, was ich ihn gerne noch gefragt hätte, und ich werde nie eine Antwort auf meine Fragen bekommen. Nie!"

Hatice ist immer lauter geworden und Belinda fühlt mit ihr. Wie kann sie ihr nur helfen? Was kann sie tun, um Hatice etwas Trost und Hoffnung zu geben?

Patrick Swayze! Ghost!, schießt es Belinda durch den Kopf. In diesem Film nimmt eine Frau durch ein Medium Kontakt zu ihrem toten Mann auf. Und sogleich fällt Belinda ein, dass ihr Fatma erzählt hat, dass Aygüls Freundin Selma zu einer Wahrsagerin geht, die nicht nur in die Zukunft schaut, sondern auch mit Verstorbenen reden kann. Natürlich gegen saftige Bezahlung, aber Belinda sieht, wie sehr Hatice leidet. Und Erleuchtungen waren noch nie umsonst.

Sofort erzählt sie von der Wahrsagerin und Hatice ist Feuer und Flamme. Belinda telefoniert und macht einen Termin aus. Hatices Wangen glühen vor Aufregung. Endlich wird sie wieder mit ihrem Mann reden können und ihm ihre Fragen stellen.

Zwei Tage später sitzt Hatice der Wahrsagerin gegenüber. Die Frau heißt Jelena und gibt an, Zigeunerin zu sein; seit über drei Generationen schaut ihre Familie in die Zukunft, aber nur sie hat die seltene Gabe, mit Toten zu kommunizieren. Jelena hat feuerrote lange Haare, die sie zu einem großen Knoten zusammengesteckt trägt. An jedem Finger hat sie Ringe, sogar am Daumen, und alle Ringe glitzern sündhaft teuer. Ob sie echt sind?, fragt sich Hatice. Natürlich sind sie echt, sagt sie sich, sie bekommt schließlich hundert Euro für eine halbe Stunde Totenkommunikation!

Jelena führt Hatice an einen runden Tisch, auf dem nichts liegt außer einer riesigen Kristallkugel. Hatice hört leises Miauen und sieht eine schwarze Katze. Sie hasst Katzen, sie hasst Tiere überhaupt, aber Fahri hat alle Tiere geliebt. Die Katze läuft auf Hatice zu und schaut sie laut miauend an.

„Katze mag dich, das gut für Seele. Wenn Katze dich mag, du haben gute Seele."

Hatice streichelt die Katze widerwillig. „Danke. Aber lass uns zur Sache kommen. Kannst du mir helfen? Ich möchte mit meinem Mann reden, ich habe so viele Fragen."

Sofort verdüstert sich Jelenas Gesicht. Sie hat kleine Knopfaugen, die noch kleiner werden, je länger sie Hatice anstarrt.

„Nur eine Frage! Eine Frage genug, sonst ich viel Arbeit machen, werde müde und das nix gut."

Das ist klar und deutlich. Hatice überlegt kurz und weiß sofort, was sie von ihrem Mann wissen will.

„Bitte frag, ob Fahri glücklich ist. Mehr möchte ich nicht wissen."

„Oh, das ganz einfach, kurze Frage. Antwort kommt ganz schnell."

„Und wie willst du das machen, ich meine, wie funktioniert so was?"

Für hundert Euro wollte Hatice ein klein wenig mehr als nur eine Antwort.

„Das ganz einfach. Ich rufe deine Mann an, er spricht in meine Kopf und mein Mund sagt Worte von deine Mann. Dafür ich brauche große Kraft und muss viel arbeiten, um zu machen Kontakt, du verstehst?"

Hatices nickt.

„Bitte fang an."

Jelena schließt die Augen. Ihr Kopf wackelt hin und her.

„Ich sehe jemanden, der nicht groß, ist aber auch nicht klein. Er ist nicht dunkel, aber auch nicht blond."

Hatice klatscht vor Aufregung in die Hände.

„Ja, das ist mein Fahri! Genauso sah er aus, ganz genauso. Woher weißt du das alles nur?"

Jelena schaut Hatice todernst an. Wie naiv die Frauen waren! Ihr Konto und auch die Zuckerdose in ihrer Küche konnten es nicht leugnen, ihr Geschäft brummte. Frauen jeden Alters rannten ihr die Tür ein.

„So was man kann nicht lernen, das Gottesgabe!"

Hatices Aufregung weicht demütiger Bewunderung. Jelena hebt beschwörend ihre Arme und schließt theatralisch die Augen.

„Ich sehe Karten, ich glaube, Spielkarten. Deine Mann sitzt an Tisch und spielt. Ein böser Mann ist auch da, er guckt deine Mann an wie Teufel!"

Hatice überlegt sofort, ob Fahri jemals Karten gespielt hat. Fahri spielte leidenschaftlich Tavla, noch als er krank und schwach war, liebte er es, seine Frau an die Wand zu spielen.

„Aber mein Mann hat nie Karten gespielt! Fahri liebte Tavla."

Jelena lässt die Augen geschlossen und dreht ihren Kopf hin und her.

„Sage ich Karten? Ich meine natürlich Tavla. Deine Mann spielt viel, ganze Tag. Das nix gut! Er macht viele Schulden, hat viel Ärger drüben und nix Ruhe. Deine Mann sehr unglücklich! Er nix schlafen, immer Kopfschmerzen. Er sagen, du Schulden bezahlen, dann er endlich Ruhe und kann schlafen."

Hatice ist wie gelähmt. Ihr aufrichtiger, ehrlicher Mann machte Spielschulden im Jenseits? Wie konnte das nur passieren? Der arme Fahri, dabei liebt er seinen Schlaf über alles, er ist ihm heilig ... Und nun wälzt er sich unglücklich hin und her. Hatice muss ihm helfen, seine Seele retten und dafür sorgen, dass sein Leid ein Ende hat.

„Ich hole sofort Geld! Kannst du es ihm bitte gleich schicken?"

Jelena lächelt in sich hinein. „Ja, ich glaube, das ich schaffen. Muss nur fragen, wie viel dein Mann braucht."

Sie schließt die Augen. Jetzt, wo sie das Geld fast in der Tasche hat, will sie Hatice was bieten. Sie zieht seltsame Grimassen und lässt ihre Hände über dem Kopf schweben. Dabei atmet sie schwer und sagt dann mit tiefer Stimmer:

„Tausend."

Hatice zuckt zusammen. So viel Geld hat sie nicht dabei, aber sie kann sofort zur Bank gehen und es abheben.

Sie bittet Jelena um einen Termin für den Nachmittag. Keine vier Stunden später sitzt sie ihr gegenüber und schiebt ihr tausend Euro über den Tisch.

Jelena hat das Gefühl, dass hier noch mehr zu holen ist. Also gibt sie eine kleine Zugabe, kaum dass das Geld in ihre Zuckerdose gewandert ist.

„Ahhh, ich sehe Haus, ganz viele Zimmer. Deine Mann will Haus bauen für dich, wenn du bei ihm bist. Er will Grundstück kaufen dort drüben, braucht Geld."

Hatice sitzt da wie gebannt. Sie kann nicht fassen, wie schnell Jelena wieder Kontakt zu ihrem Mann gefunden hat. Ohne dass sie sie etwas gefragt hätte.

„Wie viel Geld denn?"

„Sehr viel Geld. Er will gute Haus, schöne Haus. Nicht so hässlich wie alte Haus."

Hatice überlegt. Meint Fahri die Villa in Antalya? Aber die ist nicht hässlich, sondern wunderschön, und Fahri hat sie eigenhändig renoviert.

„Meint er die Villa in Izmir? Die mit dem schiefen Dach und dem kleinen Garten?"

„Ja, genau das Haus. Fahri sagt, er will Haus mit großem Garten und richtige Dach."

„Frag Fahri bitte, wie viel Geld er braucht. Ich verkaufe die Villa sofort und er bekommt jeden Cent davon."

Jelena nickt. Mit tiefer Stimme krächzte sie:

„Fahri will zweihunderttausend Euro in bar, in großen Scheinen. Er sagt, bring Geld sofort, er hat schon Makler da drüben. Er suchen Grundstück für euch, dann bauen wunderschöne Haus mit Garten am Meer."

Hatice verdreht die Augen und bewegt den Kopf wie in Trance. Dann fängt sie mit tiefer, monotoner Stimme an zu sprechen.

„Hatice, wie geht es dir? Heute spreche ich aus deinem Mund. Ich dachte, ich besuche mal deinen Körper, den ich so sehr vermisse. Weißt du, ich glaube, die andere Frau riecht nicht so gut wie du."

Jelena wird leichenblass. Wie kann das sein? Wie kann Fahri jetzt aus Hatice sprechen? Die reißt plötzlich die Augen auf und wirft Jelena einen stechenden Blick zu. Dann sagt sie mit ihrer Stimme:

„Fahri, geht es dir gut? Kannst du wieder schlafen? Ich habe Jelena tausend Euro gegeben, deine Spielschulden sind bezahlt. Aber sag, was ist nun mit dem Haus da drüben, hast du es schon gekauft?"

Sie schließt die Augen wieder, ruckt mit dem Kopf und sagt mit tiefer Stimme:

„Danke, Schatz, ich habe die Schulden beglichen und das Haus angezahlt. Aber hier ist jemand, der sagt, Jelena kassiert zu viel Provision. Du sollst zu Selma gehen, die hat eine Direktverbindung zu einem Makler, der gleichzeitig auch Anwalt ist. Und sein Schwager ist Polizist. Da bist du besser aufgehoben. Und vergiss bitte nicht, dir für alles eine Quittung von Jelena geben zu lassen. Ich habe hier auch einen Steuerberater, der will meine Steuererklärung machen. Nicht vergessen, meine Liebe!"

Jelena zuckt zusammen.

„Der Polizist sagt, er kennt Jelenas Großvater. Sie haben zusammen gepokert, und der Polizist sagt, der Großvater schuldet ihm zweitausend Euro. Er will das Geld sofort. Außerdem hat der Großvater dem Polizisten das Bad schlecht gefliest. Er soll das noch mal machen. Richte das bitte Jelena aus."

Jelena schaut Hatice hasserfüllt an. Zweitausend Euro! Und das in zwei Minuten! Aber sie weiß, dass sie zahlen muss, sie hat keine andere Wahl. Jahrelang ist ihr Geschäft gelaufen wie ein Uhrwerk, niemand klagte oder beschwerte sich und Jelenas Zuckerdose füllte sich. Und nun das.

Jelena steht auf und geht zu ihrer Zuckerdose. Darin sind genau zweitausendeinhundertachtundachtzig Euro. Die drückt sie Hatice wortlos in die Hand und zeigt zur Tür.

Hatice zählt das Geld, nimmt sich tausendeinhundert Euro und drückt den Rest Jelena in die Hand. Die ist verblüfft und fragt leise, warum.

Hatice lässt die Augen kreisen und sagte mit tiefer Stimme:

„Heute Schnäppchentag!"

Witwe heißt auf Türkisch *dul*.

Beten auf Türkisch

Ein trauriger Tag im Hause Ülküoglu, das Oberhaupt der Familie ist verstorben. Osman Ülküoglu war dreißg Jahre der Ehemann von Nazan und er war der Vater von Gülben, Gülsen und Ümmügülsüm. Leider blieb Osman ein Sohn verwehrt, dafür bekam er drei Schwiegersöhne, über die er noch am Todestag klagen konnte. Fehmi ist der älteste Schwiegersohn, und obwohl er Kfz-Mechaniker ist, hat er, seit er verheiratet ist, keinen einzigen Tag gearbeitet. Stattdessen wird sonntags seine Mama besucht. Mama steckt dem Sohn ein Paar Scheine zu und nach einem üppigen Mittagessen geht's wieder zurück nach Hause. Mehmet hat eine Salatbar und arbeitet nach eigenen Angaben vierundzwanzig Stunden am Tag. Geld hat er trotzdem nie. Woher denn, pflegte er zu sagen, wenn ihn sein Schwiegervater fragte, ob er nun endlich seine Schulden abbezahlt hätte. Der jüngste Schwiegersohn Sebahattin hat von allem zu viel, zu viele Kilos, zu viel Geld, zu viele Verwandte. Zum Glück oder leider kennt er das Wort teilen nicht, er ist und bleibt dick und geizig. Selbst als er um die Hand von Gülsen anhielt, brachte er wie üblich (und erwartet) keinen Blumenstrauß mit. Auch die Baklava hatte er an diesem so wichtigen Tag vergessen.

Obwohl keine der Frauen im Hause Ülküoglu ein Kopftuch trägt und der Verstorbene eine Schwäche für Currywurst hatte, will man sich an alle Regeln und Gebräuche halten und ihn nach moslemischer Sitte beerdigen. Eine

Überführung ins Heimatland ist nicht erforderlich, Osman ist im Urlaub in Istanbul verstorben. Die Formalitäten sind schnell erledigt, ein Grab gekauft und alle Verwandten benachrichtigt. Für alles ist gesorgt, nur eines fehlt: die Vorbeterin. Nach der Beerdigung muss im Haus des Verstorbenen sieben Tage gebetet werden. Dazu versammeln sich alle Frauen, Verwandte, Bekannte und Nachbarn. Eine Vorbeterin, die Erfahrung darin hat, ist immer dabei. Auf Wunsch können auch die anderen Frauen beten, aber den wichtigsten Teil bestreitet die Vorbeterin. Das sagt zumindest Fatma, die Nachbarin aus dem ersten Stock. Mit großen Augen starrt sie Nazan an.

„Das ist sehr, sehr wichtig, Nazan. Hier darf man nichts falsch machen.“ Dabei nestelt sie am Knoten ihres Kopftuchs.

Nazan schaut unsicher in die Runde. Außer Fatma sind die ältere Ayten aus dem dritten Stock da, ihre Schwägerin und natürlich ihre Töchter. Keine aus der Familie trägt ein Kopftuch, und Nazan hat auch als Witwe nicht vor, damit anzufangen. Ihre Töchter sitzen in sich versunken da, alle haben verweinte Augen.

„Wir wollen nichts falsch machen, Fatma, vielen Dank, dass du uns hilfst. Kennst du denn jemanden, der morgen Zeit hat? Und was müssen wir beachten? Ich habe das noch nie gemacht, ich musste mich nie um solche Dinge kümmern.“

Fatma lächelt freundlich und zeigt dabei ihre schiefen Zähne.

„Ich helfe dir gerne, Nazan, das ist doch Ehrensache.“

Gülben und ihre Schwestern mustern Fatma von oben bis unten. Sie sieht aus wie eine moslemische Reklamesäule: mit dem obligatorischen Kopftuch mit dem bereits erwähnten Knoten, einem langen grauen Mantel, der fast bis zum Boden geht. Sie trägt keinen Schmuck, aber ein falsches Lächeln zur Schau, jedenfalls denkt das Gülben. Irgendwas an ihr passt Gülben nicht. Sie hat Fatma schon gestern gesehen und sie mag weder ihre Art zu reden, noch ihre Art, sich zu kleiden. Aber das ist nicht der richtige Ort und nicht der richtige Zeitpunkt, darüber ein Urteil zu fällen. Heute geht es nur um ihren Vater und um die Gebete für ihn. Gülben ist eine trauernde Tochter und sie bleibt stumm.

„Also, am Tag der Beerdigung beginnen die Gebete, genau sieben Tage lang. Wir werden uns alle hier versammeln. Jeder bringt etwas zu essen mit, du kannst natürlich auch etwas vorbereiten, Nazan. Reis mit Huhn oder Börek oder Lahmacun, was du für angemessen hältst. Am letzten Tag wird die Vorbeterin bezahlt. Das ist freiwillig, es gibt keine feste Summe, aber fünfzig Lira sind hier üblich. Du steckst das Geld in einen Umschlag und übergibst es der Frau. Du kannst ihr auch zusätzlich etwas schenken, aber auch das ist freiwillig."

Die ältere Nachbarin Ayten hat bis jetzt kaum gesprochen. Sie sitzt stumm da, die Hände gefaltet, und inspiziert mit forschen Augen die Wohnung. Sie ist das letzte Mal vor über einem Jahr hier gewesen, als Nazan mit ihrem Mann wieder einmal Urlaub in ihrem Heimatland machte. Und die Wohnung einer Deutschländerin war immer interessant für die Einheimischen. Ayten hat sofort die neuen Vorhänge und die Kaffeemaschine gesehen. Plötzlich fällt Ayten etwas ein, sie schaut Fatma an und fragt:

„Bist du eigentlich schon umgezogen, Fatma? Du hattest doch Probleme mit dem Bauunternehmer?"

Fatma springt darauf an wie ein Stier auf das rote Tuch.

„Nein, noch nicht, aber es ist die Hölle! Der Bauunternehmer hat uns über den Tisch gezogen. Hundert Quadratmeter hatte meine alte Wohnung, jetzt habe ich nur noch Anrecht auf vierzig, es ist eine Schande! Ich muss die Hälfte meiner Möbel verkaufen oder wegschmeißen. Und bis die neue Wohnung fertig ist, leben wir zur Miete, das frisst uns auf!"

Fatma hätte noch stundenlang so reden können, aber Nazan unterbricht sie schnell.

„Würdest du das Beten übernehmen, Fatma?"

„Aber herzlich gern, Nazan. Ich werde aus ganzem Herzen und vor allem richtig beten, damit es auch oben bei deinem Mann ankommt."

Richtig beten? Oben ankommen? Gülben meldete sich zu Wort.

„Fatma abla, kann man denn falsch beten? Ist so was möglich?"

Fatma staunt, wie wohlerzogen Gülben ist, das hat sie nicht gedacht. Immerhin ist sie in Deutschland aufgewachsen, und da ist es nicht üblich, Ältere mit abla, große Schwester, anzureden.

„Ja natürlich, Gülben. Man muss richtig beten, die Heilige Schrift richtig lesen, die Wörter richtig aussprechen, sonst versteht es der Verstorbene nicht und das Gebet kommt nicht an und seine Seele hört es nicht."

Gülben und ihren Schwestern bleibt der Mund offen. Sie sind jung genug, die religiösen Traditionen zu kennen, aber auch alt genug, um ihnen kritisch gegenüberzustehen. Ümmügülsüm kann nicht anders, sie muss es aussprechen:

„Aber wie kann denn ein Gebet nicht ankommen? Ich verstehe das nicht! Und alles nur, wenn man ein falsches Wort ausspricht? Ich glaube das nicht! Mein Vater hat mir immer gesagt, dass jedes Gebet ankommt, immer! Gebete verirren sich nicht. Menschen verirren sich, Gebete niemals! Das sind doch keine Taxis!"

Nazan nickt. Sie hat eine Koranschule besucht, zwar nur sehr kurz, aber auch sie hat nie davon gehört, dass Gebete nicht ankommen wegen ein paar falscher Worte.

Fatma guckt missmutig drein. Diese Gören sind doch nicht so wohlerzogen, wie sie dachte. Sie wagen es tatsächlich, einer Älteren zu widersprechen!

„Da ist was Wahres dran, Fatma, ich glaube auch daran, dass Gebete immer ihren Weg finden."

„Nazan, ich bleibe dabei, jemand, der sich mit der Heiligen Schrift auskennt, muss beten. Wir wollen doch nichts falsch machen."

Es klingelt es an der Tür. Es ist Hacer, die Nachbarin von gegenüber. Sie hat von dem Todesfall gehört und will kondolieren. Hacer umarmt Nazan und küsst sie auf beide Wangen.

„Ich weiß genau, wie du dich jetzt fühlst, Nazan, aber auch das geht vorbei."

Hacer weiß, wovon sie spricht. Sie ist in jungen Jahren Witwe geworden und hat sich dann mit zwei kleinen Jungen durchgeschlagen. Sie kennt das Leben und den Tod, und all das spiegelt sich in ihrem Gesicht und ihren schneeweißen Haaren wider.

Hacer setzt sich neben Gülsen und fragt, wie es ihr geht. Sie lächelt die Mädchen an, streicht ihnen das Haar aus dem Gesicht und drückt ihnen die Hand. Die Schwestern kennen Hacer, sie mögen sie, aber heute wird ihnen noch einmal bewusst, wie warmherzig diese Frau ist.

„Mama, ich will, dass Hacer für Papa betet."

Fatma ist wie vom Donner gerührt. Was hat sie gerade gehört? Was hat Gülsen da gesagt? Diese Frau soll beten? Hacer, die noch nie in der Koranschule war und nicht mal ein Kopftuch trägt? Fatma ist entsetzt, das darf nicht passieren. Schnippisch fragt sie:

„In welcher Koranschule warst du noch mal, Hacer?"

Hacer lächelt Fatma an.

„Auf keiner, die du kennst. Meine Mutter hat mich gelehrt, im heiligen Koran zu lesen. Sie ist letztes Jahr gestorben, ich komme gerade von ihrem Grab. Ich habe Maiglöckchen gepflanzt, sie liebte diese Blumen so sehr."

Gülben und ihre Schwestern haben Tränen in den Augen. Auch Nazan muss sich zusammenreißen, um nicht wieder zu weinen. Gülben sagt:

„Hacer, ich möchte, dass du für die Seele meines Vaters betest, würdest du das für uns tun?"

Hacer ist gerührt.

„Das würde ich sehr gern tun, mein Kind."

„Nein!“, entfährt es Fatma, aber die Sache ist beschlossen. Gülsen und ihre Schwestern bleiben stur.

„Sie betet, und damit ist das Thema beendet!“

Fatma rollt mit den Augen. Jeder im Raum weiß, was sie denkt: Diese Almancis, diese Deutschländer, haben keine Ahnung von Tradition. Die sind eingedeutscht und europäisiert, die haben ihr ganzes Türkischsein vergessen. Was wissen die denn?

„Aber Gülsen, das geht nun wirklich nicht. Wie soll denn Hacer beten? Sie kennt den heiligen Koran doch gar nicht. Ab und zu holt sie ihn heraus und liest daraus vor, das zählt nicht! Wir brauchen keine Hobby-Koranleserin, wir brauchen eine professionelle. Und ohne jetzt Bescheidenheit vorzuheucheln, ich habe schon für Dutzende Verstorbene gebetet, ich war in der Koranschule, ich kann beten.“

Gülsen kocht innerlich.

„Du kannst also beten, du hast es in der Koranschule gelernt. Erstens, liebe Fatma, man lernt nicht beten in der Koranschule, man lernt, den Koran auf Arabisch zu lesen. Beten kann man nicht lernen, denn jeder kann beten. Hat man dir in der Koranschule beigebracht, wie man über seine Nachbarn klatscht und Gerüchte verbreitet?“

Empört reißt Fatma die Augen auf und schüttelt heftig den Kopf.

„Wie kommst du denn auf so etwas!? Natürlich nicht, kein guter Moslem macht so was!“

„Dann bist du ein schlechter Moslem, du bist gestern beim Teetrinken über die Nachbarin hergezogen.“

Fatma läuft rot an und ihre Lippen beben. Sie hat tatsächlich gestern etwas geklatscht, es ist ihr einfach so rausgerutscht. Aber Gülsen ist noch nicht fertig.

„Es bleibt dabei, Hacer wird beten."

Fatma hat das Rennen, wenn man es so nennen darf, längst verloren, aber sie will es sich nicht eingestehen.

„Aber sie kann doch gar nicht beten!"

Gülsen will so höflich sein wie nötig, aber sie hat jetzt keine Lust mehr dazu.

„Schluss jetzt!", sagt sie. „Ein für allemal, Hacer betet und keine andere."

Am nächsten Tag wird Osman Ülküoglu beerdigt. Nachmittags versammelten sich alle Verwandten, Freunde und Nachbarn und beten, allen voran Hacer. Fatma kommt nicht, obwohl sie eingeladen ist. Am siebten Tag wird Hacer ein Umschlag übergeben, den sie dankend annimmt. Dieser Umschlag liegt eine Woche lang auf ihrem Tisch, dann weiß sie, was sie damit machen muss. Sie hat von einer jungen Frau gehört, die gerade Witwe geworden ist. Sie klingelt bei ihr und übergibt ihr den Umschlag. Dann läuft sie schnell davon, denn sie ahnt, wie diese junge Frau sich fühlt. Und sie weiß, dass diese Witwe für sie, Hacer, beten wird, auch wenn sie sie nicht kennt. Mit Gebeten, die ihren Weg finden werden.

Beten heißt auf Türkisch *dua etmek*.

Erben auf Türkisch

Der Tod kam nicht unerwartet zu Sedat Tatlises. Jahrelang litt er an Herzproblemen und wehrte sich erfolgreich gegen eine Operation, die ihm das Leben gerettet hätte. Aber er wusste es ja besser, wie immer.

„Baba, der Arzt sagt, du brauchst dringend eine Herzoperation, sonst stirbst du!"

Weder seine Tochter Aysel noch seine Frau Hatice konnten ihn überzeugen. An einem Freitag im Februar erlitt Sedat einen Schlaganfall und starb nach zehn Tagen auf der Intensivstation.

Seine Familie musste mit der Trauer kämpfen – und mit den Verwandten und angeblichen Freunden.

Zwei Tage nach der Beerdigung tauchte ein alter Freund von Sedat auf und wollte wissen, ob er dessen Uhr haben könnte. Die Nachbarin fragte die Witwe, wie viel Rente sie jetzt kassieren werde. Verwandte, die sich jahrelang nicht gemeldet hatten, riefen an und fragten nach dem Befinden der Witwe.

Aysel sah, dass sie ihre Mutter nicht allein lassen konnte. Hatice litt Höllenqualen, sie hatte nicht nur ihren Ehemann verloren, sondern auch ihren Glauben an die heile Welt.

„Mama, ich fliege in einer Woche zurück nach Hamburg. Dann musst du allein gegen diese Blutsauger kämpfen. Wir müssen etwas unternehmen!"

Hatice nickte stumm, in ihren Augen schimmerten Tränen. Aber sie hörte ihrer Tochter zu. Es galt, der Verwandtschaft eine Lehre zu erteilen.

Tante Tülay zum Beispiel. Sie war die einzige Nichte von Sedat und hatte Hatice bitter enttäuscht. Sedat hatte sie abgöttisch geliebt und Zeit seines Lebens finanziell unterstützt. Als Hatice sie vom Schlaganfall ihres geliebten Onkels informierte, sagte Tülay:

„Ich hab noch den Rollstuhl von meiner Mutter hier stehen, ich schicke ihn dir, falls du ihn brauchst. Aber wenn er tot ist, möchte ich ihn zurückhaben!"

Selten hatte Hatice etwas so Herzloses, Kaltes gehört. Außer von ihrer Schwester Ayse.

Sedat hatte den Wunsch geäußert, in Hatices Heimatdorf beerdigt zu werden. Hatice wollte seinen letzten Willen erfüllen und rief ihre Schwester an.

„Ayse, Sedat ist von uns gegangen. Ich möchte, dass er in Tokmak beerdigt wird, wie er es sich gewünscht hat. Wir kommen mit dem Leichenwagen, Ercan wird uns begleiten."

Ercan war Hatices Neffe und einer der wenigen, die immer zur Hilfe eilten, wenn sie nicht allein zurecht kam.

„Wir haben in der Familie noch mal darüber nachgedacht", sagte Ayse. „Wir wollen nicht, dass Sedat hier beerdigt wird. Außerdem findet es Fetiye nicht gut, wenn Ercan mitkommt. Du weißt doch, sie hat Eheprobleme und ihr Mann ist nicht gut auf Ercan zu sprechen."

„Ayse, was erzählst du da, wir müssen Sedat morgen beerdigen, wie soll ich da jetzt noch etwas anderes organisieren? Und was hast du plötzlich gegen Ercan? Er ist auch dein Neffe."

„Du weißt eben nicht alles über ihn. Vor zwanzig Jahren wollte er meine Tochter heiraten, die beiden wollten durchbrennen. Aber er hat es sich anders überlegt und ihr das Herz gebrochen. Das habe ich ihm nie verziehen!"

Hatice war wie vor den Kopf geschlagen. Sie legte auf. Ihre eigene Schwester! Wegen des komplizierten Liebeslebens ihrer Nichten und Neffen sollte ihr Mann kein Grab bekommen? Sie weinte stundenlang, bis Onkel Sadi die rettende Idee hatte. Es gab ein Grab in Istanbul, und Sedat hatte es selbst gekauft, vor vierzig Jahren. Sein Bruder war darin beerdigt; wegen Platzmangel auf den Friedhöfen der Stadt gab es die Genehmigung, nach sechs Jahren jemand anderen hinzuzubetten. Die Beerdigung fand in Istanbul statt. Aber Hatice vergaß die harten Worte, die Demütigungen und den Schmerz nicht.

Jetzt musste sie telefonieren.

Als Erste stand Tülay auf ihrer Liste.

„Hallo Tülay, ich wolle mich mal wieder bei dir melden. Wir haben Sedat beerdigt, es ist alles so schwer für mich! Ich dachte, mich kann nichts mehr trösten, aber jetzt weiß ich, dass Sedat mir ein Erbe hinterlassen hat. Ein großes Erbe, ich kann es nicht allein tragen."

In Tülays Gehirn rumorte und blitzte es. Geld, war ihr erster Gedanke. Ihr Onkel hatte jahrelang in Deutschland gearbeitet und gewiss eine Menge Geld hinterlassen. Wenn sie sich geschickt anstellte, würde sie ein großes Stück von diesem Kuchen abbekommen.

„Aber Tante, wozu hat man Verwandte? Ich nehme gleich morgen den nächsten Bus und komme zu dir!"

Hatice bedankte sich und legte auf. Nun war Ayse an der Reihe. Sie hatte sich seit der Beerdigung kein einziges Mal gemeldet.

„Ayse, ich habe dich vermisst, du glaubst nicht, wie sehr. Unser Streit tut mir so leid, aber ich verstehe dich jetzt besser. Sedat ist von uns gegangen, aber sein Erbe wird uns alle trösten und einander näherbringen. Wir alle müssen zusammenhalten und ihm die Ehre erweisen."

Ayses Ohren wurden rot bei dem Wort Erbe. Ihr Groll war vergessen, auch die Gefühle ihrer Tochter waren ihr egal. Es gab ein Erbe, und das musste sie – ja, ehren.

„Ach Hatice, wenn du wüsstest! Ich habe seitdem nur an dich gedacht! Wenn du mich brauchst, ich bin für dich da. Ein Wort von dir, und ich stehe vor deiner Tür, meine geliebte Schwester!"

So ging es den ganzen Nachmittag. Hatice rief Verwandte und Freunde an, und jeder, der das Wort Erbe hörte, schmolz förmlich dahin und versprach, so schnell wie möglich zu Besuch zu kommen.

Einen Tag später trudelten alle ein, Sedats Nichte Tülay, Hatices Schwester Ayse, Sedats Freund Kenan und Sedats Sohn Baris. Baris hatte seinen Vater während der Krankheit weder unterstützt, noch war er bei der Beerdigung gewesen. Er müsse Taxi fahren, war seine Begründung, seine Frau würde den Verdienstausfall nicht akzeptieren. Ihn zu treffen fiel Hatice am schwersten. Aber sie musste eine Rolle spielen, um allen eine Lektion zu erteilen, und sie fing sofort damit an.

„Wie schön, dass du da bist, Tülay. Kannst du uns bitte

deine guten Börek machen? In der Küche sind alle Zutaten. Bitte, wir brauchen zu essen."

Tülay war überrascht, aber sie nickte zustimmend. Jetzt bloß nichts Falsches sagen, es ging schließlich um Sedats Erbe. Sie zog sich in die Küche zurück und tat, was von ihr verlangt wurde.

Hatice wandte sich an Baris und Kenan.

„Baris, ich weiß, wie hart dein Leben als Taxifahrer ist. Und du weißt, dein Vater hat immer an dich gedacht. Du kannst etwas tun, um ihn zu ehren. Siehst du die Wandfarbe im Flur? Kenan und du, ihr könnt das Wohnzimmer streichen. Ercan wird die Möbel für euch verrücken. Eigentlich könnt ihr auch gleich den Flur streichen, und das Bad? Sedat hat euch ein schönes Erbe hinterlassen, da könnt ihr doch für ihn ein paar kleine Wände streichen, oder?"

Tülay kochte, bis ihr schwindlig war. Baris und Kenan strichen ohne Murren die Wände. Ayse war für Hatice einkaufen gegangen, nun stapelten sich Katzenstreu und Waschpulver in der Abstellkammer.

Alles war bereit. Aysel und Hatice deckten den Tisch und alle nahmen im Wohnzimmer Platz. Alle Augen waren auf Hatice gerichtet, alle hingen an ihren Lippen.

Der große Moment war gekommen. Hatice würde Sedats Erbe verteilen.

„Wie geht es deiner Frau, Baris? Ich habe seit langem nicht mit ihr gesprochen."

Baris zuckte zusammen. Seine Frau und seine Mutter waren nie gut miteinander ausgekommen. Das Verhältnis war so mies, dass seine Frau Soray ihrer Schwiegermutter nicht mal kondoliert hatte.

„Ihr geht es sehr schlecht, Mutter. Der Tod ihres Schwiegervaters hat sie erschüttert. Sie hat es übrigens auf Facebook gepostet."

Hatice wandte sich an Tülay.

„Tülay, es war richtig, den Rollstuhl zurückzufordern. Du bist ja selber eine alte Frau, und wirst ihn schon bald brauchen. Ich hoffe nur, dass dein nichtsnutziger Sohn dich auch darin schieben wird."

Das saß, denn Tülays dreißig Jahre alter Sohn arbeitete nicht und lag ihr auf der Tasche. Nichtsnutzig war noch untertrieben. Tülay antwortete nicht, sie senkte ärgerlich den Kopf.

„Kenan, wie schön, dass du heute hier bist. Wir haben dich tagelang versucht zu erreichen, damit du zur Beerdigung kommen kannst, so wie es sich Sedat gewünscht hatte, aber dein Telefon war einfach abgestellt. Du weißt, Sedat hat dich geliebt wie seinen Sohn. Er hat noch nach dir gefragt, als es mit ihm zu Ende ging. Es ist einfach Schicksal, dass du es nicht zur Beerdigung geschafft hast."

Kenan blinzelte unsicher. Was war mit Hatice los? Alle Blicke richteten sich auf Sedats Witwe.

Hatice stand auf und machte eine einladende Geste.

„Liebe Verwandte und Freunde, danke, dass ihr alle gekommen seid. Jeder von euch zu spät, aber das ist jetzt egal. Jeden von euch hat Sedat geliebt. Das war dumm, aber auch das ist jetzt egal. An jeden von euch hat Sedat gedacht. Ihr wart ihm alle wichtig und wertvoll. Er hat mir etwas Kostbares hinterlassen, ein Erbe, das ich mit euch teilen möchte."

Alle sahen Hatice an.

„Manchmal sind die einfachsten, kleinsten Dinge der Welt die kostbarsten", sagte sie. „Wir wissen es erst zu schätzen, wenn wir es verloren haben. Sedats Erbe an mich waren seine letzten Worte: Zum Teufel mit der Verwandtschaft!"

Es war mucksmäuschenstill. Nicht das kleinste Geräusch war zu hören. Bis Tülay sagte: „Meinen Rollstuhl, bitte."

Erben heißt auf Türkisch *miras*.

Putzfrau auf Türkisch

Herr Carlos geht gut gelaunt in seinem Büro auf und ab. Heute sollen die Einstellungsgespräche für seine Reinigungsfirma „Putzteufel" beginnen. Auf seinem Schreibtisch stapeln sich die Bewerbungen.

Ein paar Minuten später klopft es an der Tür und die erste Bewerberin ist schon da. Eine Türkin mit festem Händedruck, zwei Köpfe kleiner als Herr Carlos. Mit einem breiten Grinsen stellt sie sich vor und nimmt ihm gegenüber Platz.

Der Eisbrecher bei solchen Gesprächen ist die Frage, warum jemand gerade diese Arbeit machen möchte. Und hundert Prozent aller Menschen lügen bei der Beantwortung auf die schamloseste Art und Weise und erzählen die abenteuerlichsten Geschichten. Askim Utkuseven macht genau das Gegenteil, sie erzählt die nackte Wahrheit, schonungslos und brutal.

„Die Arbeit interessiert mich nicht im Geringsten! Hauptsache, die Kohle ist pünktlich auf dem Konto und die Arbeit ist so stumpfsinnig, dass mir neue Buchideen zufliegen!"

Herr Carlos spielt nervös mit einem Bleistift. Mit so einer frechen Bewerberin hat er nicht gerechnet. Und was für Buchideen meint sie überhaupt?

„Ich weiß nicht, ob ich Sie ganz verstanden habe, Frau Utkuseven. Sie wissen doch, es geht darum, Putzfrauen an Privathaushalte oder Firmen zu vermitteln. Dass mit dem pünktlichen Gehalt kann ich garantieren, aber ich verstehe nicht, was es mit den Buchideen auf sich hat?“

„Na, eben Ideen. Ich schreibe gerne und brauche Ideen. Für Geschichten und Bücher.“

Herr Carlos versteht gar nichts, aber seine Neugier ist geweckt.

„Aha. So, Frau Utkuseven, dann erzählen Sie doch mal, was Sie sich von Ihrer neuen Arbeit erhoffen. Und dann können Sie mir gern auch ausführlich darlegen, warum Sie gerade während ihrer Arbeitszeit Ideen sammeln müssen.“

Askim Utkuseven muss nicht lange überlegen, seit Jahren sucht sie nach einer bestimmten Art von Arbeit.

„Ich brauche eine stumpfsinnige Arbeit, je langweiliger, umso besser, am besten ohne jede Verantwortung. Eine Arbeit, so richtig was für Doofe; natürlich bin ich hochintelligent, aber ich will damit nicht angeben. Ich möchte morgens gegen zehn zehn Uhr an Ort X ankommen, meine Arbeit verrichten und dann voller Ideen wieder nach Hause fahren, damit ich mich meiner wahren Berufung widmen kann. Perfekt wäre es, wenn mich keiner bei meiner geistigen Ideensuche stören würde.“

Herr Carlos glaubt, sich verhört zu haben. Wer will denn schon so eine Arbeit? Und noch wichtiger, warum? Und was zum Henker war die wahre Berufung dieser Frau?

„Ich sehe Ihnen an, bei Ihnen rattert es im Oberstübchen, Sie fragen sich sicher, warum eine Frau wie ich, jemand mit glänzenden Berufschancen und einer erstklassigen Ausbildung, sich herablässt, sich eine derart niedere

Arbeit zu suchen. Ich verrate Ihnen ein kleines Geheimnis: Ich bin Autorin, ich schreibe Kurzgeschichten, und trotz meiner großen Bescheidenheit kann ich leichten Herzens behaupten, dass ich sehr erfolgreich bin. Natürlich reicht es noch nicht für eine Villa in Antalya, aber immerhin kleckert jeden Monat einiges an Autorenhonorar auf mein Konto. Aber natürlich muss ich täglich schreiben, und raten Sie mal, wann ich die besten Ideen habe?“

Askim schaut Herrn Carlos mit großen Rehaugen an, dabei klimpert sie unaufhörlich mit den Wimpern und signalisiert dem unwissenden Herrn, er möge ein paar Vorschläge machen. Der allerdings versteht dieses Spielchen nicht und zuckt nur ratlos mit den Schultern. Der Bewerberin dauert das zu lange, sie klärt Herrn Carlos auf.

„Beim Putzen, Herr Carlos! Kaum habe ich einen Staubsauger in der Hand, dann schießen mir neue Geschichten durch den Kopf, und in Gedanken schreibe ich das erste Kapitel schon auf. Leider funktioniert das nicht bei mir zu Hause. Ich habe alles versucht, mein Mann hat sich verkleidet, hat sich einen Bart angeklebt und mich mit einem Staubwedel durch die Wohnung gescheucht. Er hat mich sogar für die Hausarbeit bezahlt, aber es nützte überhaupt nichts. Es funktioniert nur in fremden Wohnungen. Und nur, wenn ich alleine bin.“

Herr Carlos tippt mit seinem Bleistift nervös auf den Tisch. Er hat noch nie eine so merkwürdige Bewerberin für einen einfachen Putzjob gehabt. Lauter Ayses und Fatmas, die zu allem ja und bitte sagten, aber keine abgehobene Autorin mit dem Selbstbewusstsein einer Diva.

„Äh, also das könnte ein Problem sein, Frau Utkuseven. Wir vermitteln Putzfrauen an Privathaushalte, an Firmen und große Unternehmen, und bis sie zu Ihnen Vertrauen aufbauen, werden Sie wohl oder übel die Auftraggeber um sich haben. Sie verstehen das sicherlich. An den ersten Arbeitstagen mit Sicherheit."

„Ich nix verstehen, ich putze alleine, nix mir jemand helfen!"

„Wie bitte?!"

Plötzlich ist der glasklare Hamburger Akzent weg und die Türkin spricht wie eine Türkin, allerdings wie eine, die gerade aus Ostanatolien kommt.

„Entschuldigen Sie, Herr Carlos, ist mir so rausgerutscht. Wissen Sie, ich habe gerade in Gedanken einen Dialog aufgeschrieben. Da passiert so was schon mal. Genau deswegen arbeite ich am liebsten allein, dann kann ich mich meiner Arbeit widmen, ich meine natürlich dem Schreiben, und nebenbei putze ich."

Herr Carlos krault seinen Vollbart und überlegt, ob er diese eigenartige Autorin nicht sogar gewinnbringend einsetzen kann. Er hat auch ein paar eigenartige Kunden, die Nacktputzfrauen wollen. Ein Kunde besteht darauf, dass die Putzfrau im Huhnkostüm arbeitet. Ein anderer verlangt, dass die Putzfrau während der Arbeit Goethe rezitiert. Warum soll dann nicht auch jemand ein wenig mehr zahlen für eine ehrgeizige Autorin? Wer weiß, vielleicht kann er sogar für sie eine höhere Provision rausschlagen?

„Frau Utkuseven, ich hätte da eine heikle Frage. Würden Sie sich auch verkleiden für Ihre Arbeit? Sie scheinen offen zu sein für verrückte Dinge, wenn ich das mal so ausdrücken darf."

Frau Utkuseven schnalzt mit der Zunge und schaut Herrn Carlos provokativ an.

„Was genau schwebt Ihnen vor, Herr Carlos?"

Herr Carlos sieht die Bewerberin begeistert an. Das Gespräch lief immer besser, und nun schießen ihm die Ideen durch den Kopf. Jetzt endlich weiß er, wie er sein Geschäft so richtig ankurbeln kann. Anstatt ein paar normale Putzfrauen zu vermitteln, würde er ab heute nur noch ganz spezielle Putzfrauen einstellen, alle verkleidet. Als französische Zimmermädchen, als Märchenfiguren und und und. Er grinst und fragt sich, warum er sich das bis heute nicht getraut hat. Er würde so viel mehr Geld damit verdienen! Und diese Utkuseven sieht er schon als Rotkäppchen verkleidet bei einem bestimmten Ehepaar, wie sie Staub wischt und gleichzeitig die Herrschaften bei Tisch bedient.

„Frau Utkuseven, Sie haben mich auf eine Idee gebracht, das glauben Sie gar nicht! Seitdem wir hier Fachkräfte vermitteln, gab es immer wieder Anfragen für spezielle Putzfrauen. Sie sollten sich nicht nur um den Haushalt kümmern, sie sollten auch bestimmte, ganz besondere Fantasien erfüllen. Nehmen wir mal an, Sie gehen bei Müllers putzen, Sie tragen dabei ein Märchenkostüm wie zum Beispiel einen roten Hut und ein kurzes Kleidchen, wie finden Sie das? Wäre das nichts für Sie? Das würde Ihre Fantasie doch auch ankurbeln, oder was meinen Sie?"

Frau Utkuseven muss über die Antwort gar nicht erst nachdenken.

„Ich denke, dass das eine ziemlich bescheuerte Idee wäre. Für solch kranke Dinge bin ich nicht zu haben. Falls Sie wirklich vorhaben, diesen Vorschlag anderen ehrlichen Arbeitssuchenden zu unterbreiten, dann würde ich mir ehrlich Sorgen um Ihre Fantasie machen. Denn die scheint einen leichten Knacks zu haben."

Herr Carlos ist empört. Hat sie nicht angefangen mit diesen irren Ideen, damit, dass sie ihre Fantasie ankurbeln wollte? Was war denn jetzt falsch daran?

Er kommt jedoch nicht dazu, zu fragen, denn Askim Utkuseven springt auf, schnappt sich ihre Tasche und will gehen.

„Moment, Sie können doch nicht einfach so gehen! Ich dachte, Sie suchen Arbeit!"

Frau Utkuseven schaut Herrn Carlos erstaunt an.

„Arbeit? Ich? Wie kommen Sie denn darauf? Nein, mit Sicherheit nicht! Ich brauchte nur eine zündende Idee für meine neueste Kurzgeschichte, die ich übrigens schon längst geschrieben und da oben gespeichert habe. Jetzt muss ich schnell nach Hause und sie schleunigst abtippen, bevor sie verfliegt." Dabei grinst sie breit und tippt sich an den Kopf. „Ich bedanke mich, Herr Carlos, ich komme auf Ihr Angebot vielleicht in einem Jahr zurück, aber ich denke, bis dahin habe ich Ideen für ein ganzes Buch! Schönen Tag noch!"

Herr Carlos weiß nicht, wie ihm geschieht. Beim Hinausgehen ruft ihm Frau Utkuseven noch zu:

„Übrigens, die Geschichte wird *Putzfrau auf Türkisch* heißen und ist demnächst in jeder Buchhandlung erhältlich. Guten Tag!“

Putzfrau heißt auf Türkisch *temizlikçi kadin.*

Nachwort

Taxifahren auf Türkisch

Taxifahren ist eine Kunst, besonders in Istanbul, einer Metropole mit offiziell 14 Millionen Einwohnern, von denen kein einziger nach links oder rechts schaut, wenn er über die Straße geht. Warum auch, Gott beschützt die Menschen und es passiert schon nichts. Was meinen Sie, wie prima Sie mit diesem Satz in Istanbul zurechtkommen. Und wie viele Kinder schon gezeugt worden sind dank dieses Satzes? Wahrscheinlich Millionen, siehe Istanbuls Einwohnerzahl. Dabei ist die Dunkelziffer sehr viel höher und muss es auch sein. Nehmen Sie mich als Beispiel: Dank komplizierter und leidenschaftlicher Heiratspolitik meiner Familie komme ich auf eine vierstellige Zahl von Verwandten. Das schlägt natürlich auf die gesamte Einwohnerzahl durch.

Wenn Sie in Istanbul etwas erleben wollen, dann besuchen Sie entweder mit mir meine Verwandten oder fahren Sie Taxi. Letzteres ist übrigens billiger und von der Lautstärke her erträglicher. Ich komme aus einer Familie, in der es Taxifahrer, Lastwagenfahrer und Minibüs-Fahrer gibt. Mein verstorbener Onkel Hüsseyin war sogar jahrelang der Privatfahrer von Turgut Özal. Ich kann leider nicht aus dem Nähkästchen plaudern, mein Onkel war in diesem Punkt sehr verschwiegen.

In der Türkei ist der Besitz des Führerscheins gleichbedeutend mit einem Beruf. Hast du den Lappen, bist du Fahrer, Chauffeur, Taxifahrer und so weiter und somit nie arbeitslos, zumindest theoretisch nicht. Praktisch sieht das natürlich anders aus. Und suchen Sie mal auf türkischen Straßen nach Taxifahrerinnen. Geben Sie es auf, ich habe bis heute keine gesehen. Glauben Sie, dass man eine vierköpfige Familie in Istanbul mit Taxifahren ernähren kann? Keiner kann das, es ist einfach nicht möglich. Deshalb meine Bitte: Wenn Sie mal in Istanbul Taxi fahren, dann legen sie ordentlich Trinkgeld drauf.

Manchmal schreibt das Leben traurige Geschichten. Mein Onkel Ali Riza war zehn Jahre lang Fahrer eines Minibüs in Istanbul. Jeden Morgen verabschiedete er sich dramatisch von seiner Frau Sihriban; man weiß ja nie, ob man sich auch wirklich abends wiedersieht, pflegte er zu sagen. Aber sie sahen sich jeden Abend wieder, er hatte in all den Jahren nicht einen einzigen Unfall. Bis die beiden eines Tages in jenem Minibüs zur Beerdigung seines Schwagers fuhren. Sein anderer Schwager saß am Steuer, es war eine lange Fahrt und Sihriban schlief. Ein unachtsamer Moment, ein Unfall, und das Schicksal schlug grausam zu. Keiner hatte auch nur Nasenbluten, bis auf die Frau meines Onkels, die schwere innere Verletzungen davontrug und zwei Tage später starb.

Natürlich gibt es auch witzige und absurde Geschichten. Ein anderer meiner Onkel ist Taxifahrer. Aber bevor ich von ihm erzähle, möchte ich zunächst den im Türkischen sehr dehnbaren Begriff Onkel erläutern. Onkel mütterlicherseits heißt *dayi*, der Bruder meines Vaters ist jedoch mein *amca*. Die Ehemänner meiner Tanten sind selbstverständlich auch meine Onkel, und überhaupt jeder

Türke über fünfzig, der mir über den Weg läuft. So wie ich und Sie, liebe Leserin, für jeden Türken *abla* sind, das heißt Schwester. Ärgern Sie sich nicht, wenn Sie jemand so anspricht, der viel älter oder jünger ist, er tut es aus Respekt. (Graue Haare wachsen lassen können Sie sich, wenn man Sie *ana* nennt, also Mütterchen.)

Nun aber zu meinem Onkel. In den siebziger Jahren reiste mein Vater nach Istanbul und suchte nach seinem Schwager, also dem Schwager meiner Mutter, dem Mann meiner Tante und meines angeheirateten Onkels. (Na, kommen Sie mit?) Der war Taxifahrer, und zwar mit Leib und Seele, der einzige Taxifahrer, der wirklich Bescheid wusste in den engen, verzweigten und schlecht beschrifteten Straßen Istanbuls.

Mein Vater marschierte also zum Taxistand und fragte einen Fahrer nach Kuru Yusuf. Das heißt wörtlich übersetzt „trockener Yusuf", soll aber heißen „dünner Yusuf". Und dünn war Yusuf, siehe mein Hinweis auf das Ernähren einer Familie mit Taxigehalt.

„Kuru Yusuf?", fragte der Taxifahrer nach und machte ein besonders angestrengtes Gesicht (ich war nicht dabei, aber lassen Sie mich ein wenig improvisieren), so als ob er alle Gesichter, die er je gesehen hatte, Revue passieren ließ. Er schüttelte dramatisch den Kopf (ich improvisiere immer noch). „Nein, Bruder, nie gehört. Wer soll das denn sein?"

Mein Vater erklärte ihm, dass Yusuf ebenfalls Taxifahrer sei, ein sehr bekannter und beliebter außerdem, und er würde meist hier auf Kunden warten.

„Nein, ich schwöre, Bruder, nie von ihm gehört. Aber ich bin gerade frei, Bruder, ich fahr dich, wohin du willst."

Okay, dachte sich mein Vater (meine Improvisation findet hier ein Ende), dann nehme ich eben dieses Taxi. Er stieg ein. Als er im Taxi saß, sah er, dass ein junger, sehr schlanker Mann vorne auf der Kühlerhaube saß. Noch bevor mein Vater wusste, wie ihm geschah, brüllte der Taxifahrer: „Hey, Kuru Yusuf! Heb deinen Arsch! Ich hab 'nen Gast!"

Die Geschichte hat sich genau so zugetragen, und der Taxifahrer hat wirklich Arsch gesagt. Ich schwöre!

Taxifahrer sind manchmal auch Lebensretter; ein philosophischer Satz, eine ungelenke Sozialstudie oder eine unbeabsichtigte Krankheitsdiagnose, und schon kann man sich den Therapeuten sparen. Wie mein Mann und ich es in Antalya auf dem Weg zum Flughafen erlebt haben. Mein Schwiegervater war gestorben, und entsprechend traurig und fern jeder Hoffnung, dass der Schmerz jemals kleiner werden könnte, stiegen wir in ein Taxi.

Kaum saßen wir, drehte sich der Fahrer zu uns um und fragte: „Wie seht ihr beide denn aus, was habt ihr?"

Wir erzählten ihm von dem Todesfall. Und wie gesagt, manchmal kommt unverhofft Trost von unerwarteter Seite.

„Ich möchte euch nicht verletzen", sagte der Fahrer, „aber mein Vater hat seit Jahren Alzheimer, und wir sterben mit ihm jeden Tag. Wir pflegen ihn zu Hause, jeder hilft mit, meine Schwestern, meine Frau, und es ist, als ob wir ihn jeden Tag aufs Neue begraben. Ihn zu füttern, ihn zu baden ist ein Kraftakt, er erkennt uns nicht, er schlägt nach uns. Es ist die Hölle."

Was soll ich sagen – diese wenigen Worte reichten aus, uns deutlich zu zeigen, dass es ein Leiden gibt, das manchmal sogar den Tod übersteigt.

Die Idee zu meiner ersten Geschichte *Führerschein auf Türkisch* hatte ich im Juli 2012 auf dem Weg zum Flughafen Sabiha Gökcen in Istanbul. In diesem Jahr wurde die Bosporusbrücke wegen Bauarbeiten gesperrt. Kaum in Istanbul angekommen, überfiel mich meine Familie mit der Nachricht, dass die Brücke saniert würde, weil sie brüchig war. Und sofort stand die Frage im Raum, wie ich auf dem Rückweg über den Bosporus kommen sollte, ohne über die Brücke zu fahren.

Meine Eltern hätten mich natürlich warnen können: Kind, die Bosporusbrücke wird saniert. Kauf dir bloß kein Ticket nach Sabiha Gökcen auf der asiatischen Seite, sondern ein teureres Ticket zum Atatürk-Flughafen!

Aber das hatten sie nicht. Und ich hatte nicht nachgefragt. Die Brücke war schließlich erst 1973 fertiggestellt worden und seitdem fuhren wir auf ihr munter hin und her, warum also war ich nicht auf die Idee gekommen, mir darüber Gedanken zu machen. Naiv, wie ich nun mal bin, fragte ich nicht nach und das Schicksal nahm seinen Lauf. Zehn Tage lang gab es nur ein Thema: Wie kommt Askim am 14. Juli über die Brücke, um pünktlich zurück nach Hamburg zu fliegen? Diese verdammte Brücke ruinierte meinen Urlaub komplett. Wir ersannen verschiedene Strategien, zum Beispiel eine spezielle Fähre zu nehmen, aber dieses Unternehmen wurde vereitelt, weil der Ticketverkauf nur per Telefon möglich war und ich kein Wort von dem verstand, was die Frau am Telefon von mir wollte. Erst mein Vater verstand sie, leider. Denn kaum verstand sie, dass sie verstanden wurde, stellte sie eine Frage nach der anderen; ihr reichten nicht meine Personalien, sie brauchte auch jede Information über meinen Vater, mit dessen Kreditkarte ich bezahlen wollte. Als sie sich nach meiner Großmutter väterlicherseits erkundigte, riss ich meinem Vater den Hörer aus der Hand, sagte: „Scheiß drauf, ich schwimme rüber!" Und legte auf.

Und was taten wir? Wir bestellten ein Taxi. Ganz altmodisch, ganz klassisch. Das würde meine Nerven schonen und nur meinen Geldbeutel strapazieren. Typisch Istanbul eben. Mein Flug ging um 10 Uhr 30, also musste mich das Taxi spätestens um 6 Uhr morgens abholen. Eine Spur auf der Brücke war geöffnet, und das bedeutet Stau. Und es bestand die Möglichkeit, dass wir auf der Brücke stecken bleiben und man von mir Miete kassieren würde.

Der Fahrer kam im Morgengrauen, ich stieg ein und er raste los. Und während dieser Fahrt kam mir die Idee, dass der Fahrer eine Geschichte wert war.

Ich hatte Glück, die Fahrt nach Sabiha Gökcen glich einem Spaziergang, wenn auch einem mit 140 km/h, oder waren es 160? Egal, der Mann fuhr so sicher Auto, als würde er sein Lebtag nichts anderes tun. Und so ist es ja auch. Jeder, wirklich jeder Türke kann Auto fahren, sogar diejenigen, die nicht Auto fahren können, können Auto fahren. Auch ohne Lappen. Besagter Onkel Hüsseyin hat mich vor vielen Jahren gefragt, ob ich einen Führerschein habe. Damals hatte ich noch keinen und sagte Nein. Er fragte sofort: „Willst du einen?“ Vor dreißig Jahren ging das noch, ein paar Lira, und schon hatte man einen Lappen, mit ehrlichem Geld gekauft. Und das fiel überhaupt nicht auf, denn kaum reichen die Beine an Kupplung und Gas, fährt man in der Türkei Auto.

Mein Taxifahrer auf dem Weg nach Sabiha Gökcen fuhr wie der Teufel, und während er mit 140 über die leeren Straßen Istanbuls jagte, telefonierte er munter mit seiner Frau, seiner Mutter und vermutlich mit Tante Ayse (lassen Sie mich bitte noch einmal improvisieren), er schaltete mit links, den Hörer zwischen Kinn und Schulter, und packte dabei ein Kaugummi aus. Das war nicht banales, ordinäres Taxifahren, das war Kunst! Machen Sie das mal nach! (Ach vergessen Sie's, Sie können es eh nicht.)

Ich wollte mich anschnallen, aber das geht nicht in allen Taxis in Istanbul. Denn nichts fürchten die türkischen Taxifahrer mehr als ... Flecken. Ja, Flecken! Deswegen überziehen sie die Polster mit Stoff oder Plastik. Auch das Steckschloss des Sicherheitsgurts. Fragen Sie den Fahrer nicht, wie man sich nun anschnallen soll, warum Sie sich nicht anschnallen können oder was der Scheiß denn bitte soll. Er wird ihnen antworten:

„Bir sey olmaz!“

Genau dieser Satz ist es, dem wir die Einwohnerzahl Istanbuls verdanken: Es passiert schon nichts!

Ein Projekt der Blue Cat Publishing GbR
Gneisenaustr. 64, 10961 Berlin
www.divan-verlag.de
Umschlag: Steffen Heinecke unter Verwendung von Fotos
von F. Schmidt/Fotolia.com
Satz: Malte Knittel, www.mak-gd.com
Schrift: Chaparral Pro
Druck und Bindung: CPI books GmbH, Leck
ISBN 978-3-86327-025-4